AF663098

यूनीकॉर्न

संजीवनी क्रिया

(प्राणायाम का प्रामाणिक आधार)

स्वामी बुद्धपुरी जी

यूनीकॉर्न बुक्स

प्रकाशक
यूनीकॉर्न बुक्स

F-2/16, अंसारी रोड, दरियागंज, नई दिल्ली-110002
☎ 23275434, 23262683, 23250704 • Fax: 011-23257790
ई-मेल: info@unicornbooks.in • वेबसाइट: www.unicornbooks.in

शाखा : मुम्बई

23-25, जाओबा वाड़ी, ठाकुरद्वार, मुम्बई-401002
☎ 022-22010941, 022-22053387
ई-मेल: rapidex@bom5.vsnl.net.in

शोरूम

➤ **पी.एम. पब्लिकेशन्स**, दिल्ली

- 10-बी, नेताजी सुभाष मार्ग, दरियागंज, नई दिल्ली-110002
- 6686, खारी बावली, दिल्ली-110006

© **कॉपीराइट : प्रकाशक**

ISBN: 978-81-7806-220-4
संजीवनी क्रिया

संस्करण :2016

भारतीय कॉपीराइट एक्ट के अंतर्गत इस पुस्तक के तथा इसमें समाहित सारी सामग्री (रेखा व छायाचित्रों सहित) के सर्वाधिकार यूनीकॉर्न बुक्स के पास सुरक्षित हैं। इसलिए कोई भी सज्जन इस पुस्तक का नाम, टाइटल डिजाइन, अंदर का मैटर व चित्र आदि आंशिक या पूर्णरूप से तोड़-मरोड़ कर एवं किसी भी भाषा में छापने व प्रकाशित करने का साहस न करें, अन्यथा कानूनी तौर पर वे हर्जे-खर्चे व हानि के जिम्मेदार होंगे।

मुद्रकः परम ऑफसेटर्स, ओखला, नई दिल्ली-110020

संजीवनी क्रिया क्या है?

जिस क्रिया के द्वारा कोई भी प्राणी; चाहे वह वृद्ध हो, युवा हो, रोगी हो, स्त्री हो या पुरुष हो; पुनः भरा-पूरा संजीवनी श्वास खींच सकने की दक्षता प्राप्त कर सके, उसका नाम ही है –संजीवनी क्रिया।

जिस क्रिया के द्वारा शरीर की मांसपेशियों को मजबूत तथा जोड़ों को लचकीला एवं सुदृढ़ बनाया जा सके, उसका नाम ही है –संजीवनी क्रिया।

जिस क्रिया के द्वारा झुकती हुई पीठ को सीधा किया जा सके तथा बुढापे के वेग व रोगों को रोका जा सके, उसका नाम ही है –संजीवनी क्रिया।

जिस क्रिया के द्वारा पूरे शरीर में प्राणशक्ति के वेग को प्रबल बनाते हुए उसे प्रत्येक इन्द्रिय छिद्र से भीतर सुषुम्ना में उलटाकर सुप्त शक्ति (कुण्डलिनी) को जगाया जा सके, उसका नाम ही है –संजीवनी क्रिया।

जिस क्रिया के द्वारा जीवनी-शक्ति का विकास करते हुए अन्तर्पथ के अनुसन्धान की प्रेरणा व सामर्थ्य प्राप्त हो, उसका नाम ही है –संजीवनी क्रिया।

जिस क्रिया के द्वारा सुख, शान्ति, स्थिरता और शक्ति से सम्पन्न एक सम्यक जीवन की सहज प्राप्ति हो सके, उसका नाम ही है –संजीवनी क्रिया।

ॐ शान्तिः शान्तिः शान्तिः !

अनुक्रमणिका

भाग-2
सहयोगी– सूक्ष्मेन्द्रिय क्रियाएँ

भाग-3

योगमय जीवन और जीवन में योग

परिशिष्ट

शब्द सुरति संगम आश्रम : एक परिचय

भूमिका

पिछली शताब्दी में जितना जोर विज्ञान पर था, आज उतना ही जोर 'योग' पर दिया जा रहा है। 'योग' शब्द घर-घर में प्रवेश कर गया है, चाहे वह आस्तिक हो या नास्तिक, अमीर हो या गरीब, विद्वान् हो या अनपढ़। यहाँ तक कि शरीर को स्वस्थ रखने के बहाने से ही सही, पर योग के विरोधी भी कहीं न कहीं इसके आकर्षण से खुद को बचा नहीं पा रहे। यदि किसी जमाने में माँसाहार का प्रचार प्रबल था, तो आज शाकाहारियों की संख्या दिन-प्रतिदिन बढ़ती जा रही है। अधर्म कितना भी बढ़ गया हो, पर निश्चित ही वर्तमान युग में धर्म का प्रचार भी बेतहाशा हो रहा है। सकारात्मक दिशा में इस प्रकार तीव्र गति से बढ़ते इस युग में एक प्रश्न फिर भी बना ही हुआ है। यह प्रश्न कोई नया नहीं, सनातन है और सार्वभौमिक भी। प्रश्न यही है कि सब कुछ है, पर वह सुख, वह शान्ति क्यों नहीं है। और उत्तर?

अनेकानेक मन्दिर, मस्जिद, चर्च, गुरुद्वारे और आश्रम ही नहीं, विद्यालय, शोध-संस्थान, अस्पताल और मनोरंजन-केन्द्र आदि भी इसी प्रश्न के उत्तर की खोज में जुटे हुए हैं। अनेकानेक चिकित्सा-विधियाँ और योग-साधनाएँ भी इसी खोज का प्रतिफलन हैं। फिर भी प्रश्न बरकरार है और शायद यह जरूरी भी है, क्योंकि इसी प्रश्न के कारण आज यह पुस्तक आपके हाथ में है।

यह पुस्तक योग-साधना (आसन-प्राणायाम) विषयक कोई नया दृष्टिकोण नहीं प्रतिपादित कर रही है, बल्कि यह तो हमें उससे भी आवश्यक तथ्य से परिचित और शिक्षित कराने जा रही है। यह तथ्य है, **जीवनदायी श्वास का विज्ञान और उसे शरीर में पूर्णतया भरने की कला**। सभी जानते और मानते हैं कि श्वास ही जीवन है, लेकिन यदि यह सच है तो मरने की जरूरत क्यों?

क्यों एक दिन ऐसा आता है जब हम श्वास खींच ही नहीं पाते? जिन्दगी भर हम श्वास ही तो लेते हैं, फिर कहाँ कमी रह जाती है? आखिर क्या रहस्य है श्वास का और क्या है इसका विज्ञान? जीवन की इस डोर को कमजोर होने से कैसे बचाया जाये? प्राण शक्ति से संचालित इस शरीर में रोग और बुढ़ापे को आने से कैसे रोका जाये? स्वस्थ जीवन का सिद्धान्त और साधना क्या है? इन्हीं प्रश्नों पर और उनके उत्तर पर यह पुस्तक प्रकाश डाल रही है।

यद्यपि यह पुस्तक आज आपके हाथों में आयी है, किन्तु इसमें वर्णित साधना और सिद्धान्त पिछले चार दशकों में हजारों लोगों के तन और मन को झकझोर चुके हैं। आश्रम के शान्त-स्वच्छ-सुरम्य वातावरण में ही नहीं वरन् देश-विदेश में लगने वाले अनेक शिविरों के माध्यम से भी विभिन्न वर्गों तथा मान्यताओं के जिज्ञासुओं ने इस साधना का लाभ उठाया है। प्रायः सभी प्रकार की शारीरिक एवं मानसिक विषमताओं तथा आवश्यकताओं पर यह साधनाएँ जाँची और परखी गयी हैं। निश्चित ही प्रारम्भिक काल में लोगों से प्राप्त अनुभवों के आधार पर इन साधनाओं में अनेक सुधार तथा परिवर्तन किये गये, क्योंकि हमारा मानना है कि किसी भी आविष्कार का सर्वप्रथम लाभ यही है कि उससे कोई हानि न हो, अन्य लाभ तो निरन्तर प्रयोग के द्वारा समय पाकर काल के गर्भ से ही प्रकट होते हैं। निरन्तर प्रयोगों तथा हजारों साधकों पर परीक्षण के द्वारा अब इन सभी साधनाओं का एक निश्चित प्रारूप तैयार हो गया है। इन सभी साधनाओं का सार और अध्यात्म का रहस्य मुख्यतः निज भीतर छिपी परमेश्वरी शक्ति को प्रकट कर सर्वशक्तिमान परमात्मा के महत् आनन्दधाम में प्रवेश पाना ही है। अतः इन विभिन्न साधनाओं को (सूर्य क्रिया, अग्नि क्रिया आदि अन्य साधनाओं समेत) सामूहिक रूप से 'महायोग' अथवा 'शक्ति क्रिया योग' का नाम दिया गया है।

इन योग-साधनाओं की प्रासंगिकता आज भी उतनी ही है, जितनी आज से चार-पाँच दशक या उससे भी पूर्व में थी। कुछेक दशक पूर्व तक भी योग को साधु-संन्यासियों और रहस्य-चमत्कारों के साथ ही जोड़ा जाता था। आम व्यक्तियों का प्रायः उससे कोई सम्बन्ध नहीं था। योग-साधना के प्रशिक्षक तो क्या, योग सम्बन्धी पुस्तकें भी मुश्किल से ही मिलती थीं। दूसरी ओर वर्तमान में प्रायः देश-विदेश का बच्चा-बच्चा योग के नाम से परिचित है। नाना प्रकार तथा नाना नामों से योग साधनाएँ करवायी जा रही हैं। लेकिन सच्चाई यह है कि उस समय जब योगी का मतलब चमत्कार दिखाने वाला था और आज

जबकि मोटे पेट और रोगी शरीर वाले भी योग सिखा रहे हैं, योग सम्बन्धी हमारा ज्ञान अधूरा ही है।

वस्तुतः भक्ति, ज्ञान, तन्त्र, मन्त्र, सेवा, ध्यान सभी योग ही तो हैं। योग शब्द 'युज्' धातु से बना है, जिसका सीधा-सा अर्थ है जुड़ना। अब प्रश्न यह है कि किसको किससे जुड़ना है? स्पष्ट है, पूर्ण जोड़ अथवा योग तो सदा सजातीय वस्तुओं में ही सम्भव है। पानी में पानी ही पूरी तरह मिल सकता है और अग्नि में अग्नि, किन्तु इतना ही नहीं, एक तथ्य और भी है। वह यह कि परस्पर पूर्ण योग हेतु वस्तु का शुद्ध होना भी आवश्यक है। यथा लकड़ी में अग्नि है। जब अग्नि से लकड़ी का मेल होता है, तो शीघ्र ही लकड़ी भी अग्नि रूप ही हो जाती है। विचार करें यदि लकड़ी गीली हो अथवा कीचड़ आदि से लिपटी हुई हो, तब भी क्या लकड़ी के भीतर छिपी अग्नि प्रचण्ड हो पायेगी। हाँ, यदि अग्नि प्रचण्ड हो, तो उसमें जो भी डालें सब कुछ हजम हो जायेगा। अन्यथा सच्चाई तो यह है कि यदि अग्नि मध्यम हो, तो गीली लकड़ी डालने से वह बुझ जायेगी और धुआँ पैदा करेगी।

शास्त्र वाक्य है **'अयमात्मा ब्रह्म'** अर्थात् हम वस्तुतः ब्रह्म ही हैं, किन्तु अंश रूप से। अभी हमारा वास्तविक स्वरूप लोभ तथा मोह की सीलन से और विषय-वासना रूपी कीचड़ से ग्रस्त है। भीतर ब्रह्म की अग्नि तो है, किन्तु वह भी मूलाधार के एक कोने में छिपी हुई है। विवेक-वैराग्य की हवा न लग पाने के कारण वह प्रचण्ड नहीं हो पाती। ऊपर से विषय वासना की गीली लकड़ियाँ पड़ते रहने के कारण यह और भी मन्द होनी शुरू हो जाती है। जब तक शब्द, स्पर्श, रूप, रस, गन्ध इन पाँच विषयों के अधीन हुई हमारी प्राणों की धारा नौ इन्द्रिय छिद्रों से बहिर्मुखी गति कर रही है, तब तक योग सम्भव नहीं है। महर्षि पतंजलि ने योग की परिभाषा बताते हुए स्पष्ट ही कहा है- **'योगश्चित्तवृत्तिनिरोधः'।** योग का अर्थ है, चित्त की बहिर्मुखी गति का निरोध करके उसे भीतर केन्द्र में स्थापित करना अर्थात् भीतर स्थित परमात्मा से जोड़ देना। उपनिषद वाक्य है- **''न तस्य रोगो न जरा न मृत्यु प्राप्तस्य योगाग्निमयं शरीरं॥''** अर्थात् 'यदि शरीर के भीतर योग की अग्नि प्रचण्ड होकर सम्पूर्ण शरीर में व्याप्त हो जाये, तो ऐसे शरीर में रोग नहीं हो सकता और न ही ऐसा शरीर कभी वृद्ध होता है। इतना ही नहीं, ऐसे शरीर की मृत्यु भी नहीं होती। यही तो परम पद है, यही तो अविनश्वर परमात्मा से योग है।'

इसी योग की खोज इस जीवन में बचपन से चलती आ रही है लेकिन उन दिनों योग-प्रशिक्षण इतना सुलभ नहीं था। योग सम्बन्धी पुस्तकें भी दुर्लभ ही थीं। याद आता है कि एक बार एक पुस्तक में नेति क्रिया के विषय में पढ़ने को मिला। उसमें लिखा था कि प्रारम्भ में यह रबर ट्यूब के साथ सरलता से की जा सकती है। पूरा शहर ढूँढ लिया, हर मेडिकल स्टोर से पूछ लिया लेकिन नेति के नाम पर कोई रबर की ट्यूब नहीं मिली। बहुत समय पश्चात् संयोगवश रबर कैथेटर का चित्र मिल गया और उसे लेकर जब दुकानदार को दिखाया तो वह झट से बोल पड़ा, यह तो हमारे पास बहुत हैं। तब वह ट्यूब लेकर बार-बार अभ्यास करके स्वयं ही नेति क्रिया सीखी।

इसी प्रकार एक जगह पढ़ा कि शीर्षासन में तीन-चार मिनट से अधिक देर तक नहीं टिकना चाहिए अन्यथा नुकसान की सम्भावना है। दूसरी ओर योग के प्राचीन ग्रन्थों में एक अलग ही क्रम का वर्णन मिला। अतः स्वयं प्रयोग करना आरम्भ किया। तीन-तीन घण्टे तक शीर्षासन करने से भी कोई नुकसान तो क्या होना लाभ ही मिला। अग्निसार के विषय में भी लिखा होता था कि अधिक न करें, लेकिन यहाँ तो हजार-हजार बार करने पर भी कोई मुश्किल नहीं होती थी, बल्कि भीतर और गहरे प्रवेश करने में सहायता ही मिलती थी। इस प्रकार प्रयोग करते रहने का कारण मात्र रोमाञ्च ही नहीं था बल्कि गुरु एवं शास्त्रों में अटूट श्रद्धा और विज्ञान में विश्वास ही था।

शास्त्रों में स्पष्ट ही लिखा है कि इस मानव शरीर में कुछ भी असम्भव नहीं है और ऐसे अनेक योगियों के प्रमाण हैं, जिन्होंने इससे भी भीषण तप साधनाएँ कीं। दूसरी ओर विज्ञान का मत है कि यदि कोई कार्य एक व्यक्ति कर सकता है, तो निश्चित ही उस पद्धति को जानकर कोई भी दूसरा व्यक्ति वह कार्य कर सकेगा। इसलिए मन में पूर्ण विश्वास था कि इस शरीर के द्वारा भी वह सारी साधनाएँ करना सम्भव है, जो प्राचीन काल में की गयीं। लेकिन धीरे-धीरे पता लगा कि प्रायः प्रत्येक व्यक्ति के लिए यह इतना सहज नहीं है, क्योंकि जब तक अन्दर का रास्ता खुला न हो, तब तक बाहर के नियमों का और सीमाओं का पालन करना ही पड़ता है। वस्तुतः एक सीमा से पार वह जा ही नहीं सकते। इस जीवन में तो गुरुकृपा से प्रारम्भ में ही एक सूत्र मिल गया था, जो प्रायः प्रत्येक कार्य में सहयोग देता आया है। एक बार दिया जगाते (जलाते) समय गुरुदेव ने सावधान किया था कि यदि दीपक जगाने (जलाते) में माचिस की एक से अधिक तीली का प्रयोग करना पड़े, तो यह

मात्र संसाधन का अपव्यय ही नहीं असावधानी और प्रमाद भी है। एक साधक के लिए यह सर्वथा अस्वीकार्य है। उस दिन से प्रत्येक कार्य में पूरी तैयारी, एकाग्रता, लगन तथा सावधानी का प्रयोग हुआ है और गुरुकृपा से सफलता भी मिली है। गुरुकृपा, शास्त्र-सिद्धान्त, निज अनुभव तथा अनेकानेक प्रयोगों पर आधारित यह साधनाएँ मानव शरीर में छिपी अनन्त सम्भावनाओं को उजागर करके स्वास्थ्य तथा सुख की प्राप्ति कराने के लिए ही हैं।

80 के दशक में गुरुदेव के महानिर्वाण के उपरान्त जब लोगों के सीधे सम्पर्क में आना हुआ, तो देखा कि सारी दुनिया ही रोगों और वासनाओं से ग्रस्त है। तन और मन की विक्षिप्त अवस्था में अन्तर्मुखी साधनाओं का तो प्रश्न ही नहीं उठता। जब प्राणी बहिर्मुखी गतिविधियों में अधिक संलग्न होता है, तो वह किसी वस्तु विशेष पर एकाग्र ही नहीं हो पाता। विशेष रूप से जब विषयवस्तु स्थूल न हो, तब तो यह और भी अधिक कठिन हो जाता है। इसका एक महत्त्वपूर्ण कारण यही है कि हमारा मन तथा प्राण परस्पर पूर्णतया घुले-मिले हैं। एक की हलचल अथवा चंचलता स्वाभाविक ही दूसरे की गति में विक्षेप पैदा कर देती है। शब्द-स्पर्श आदि विषयों के अधीन हुए मन के साथ हमारे प्राणों की गति भी निरन्तर इन्द्रिय छिद्रों से बाहर को गमन करती रहती है। भीतर बैठी परमात्मीय सत्ता से सम्बन्ध टूटता जाता है और अग्नि मन्द होने लगती है। इस कारण शरीर में व्याप्त जीवन-ऊर्जा नष्ट होती जाती है और रोग तथा बुढ़ापे को शरीर में प्रवेश करने का अवसर मिल जाता है। जब तक शरीर को पूर्णतया प्राणशक्ति से भर नहीं लिया जाता, तब तक मन अन्तर्मुख तथा एकाग्र नहीं हो सकता और ऐसी अवस्था में योग तो सम्भव ही नहीं है। इसके साथ ही साथ यह भी सत्य है कि जब तक हमारा लक्ष्य धन-मान आदि सांसारिक पदार्थ हैं, तब तक भी योग सम्भव नहीं, क्योंकि जब लक्ष्य बाहर है, तो प्राणों की धारा अन्तर्मुखी कैसे हो सकती है। ऐसी स्थिति में योगासनों और प्राणायामों के नाम पर मात्र वर्जिश ही हो सकेगी और पूर्ण स्वास्थ्य की प्राप्ति नहीं हो सकेगी।

वस्तुतः मन का स्वरूप और गति अत्यन्त सूक्ष्म है, अतः उसको सीधे पकड़ना तो असम्भव या भटकाने वाला ही है, किन्तु प्राणों का सीधा सम्बन्ध स्थूल श्वासों से होने के कारण, श्वासों के माध्यम से प्राणों के साथ सम्बन्ध जोड़ना सहज-सरल न भी हो, किन्तु सम्भव अवश्य है। संजीवनी क्रिया का लक्ष्य ही है– जीवनदायी प्राणशक्ति को शरीर के रोम-रोम में भरकर सुषुम्ना

के केन्द्र से जोड़ देना। इसके साथ ही इन्द्रिय छिद्रों से प्राण-धाराओं को उलटाने के लिए कुछ सूक्ष्म क्रियाएँ तथा स्वास्थ्य के कुछ सूत्र भी हैं। इनके मिलित प्रयोग से सहज ही सम्यक् योग की धारा में प्रवेश प्राप्त हो जाता है। यह सभी क्रियाएँ यद्यपि शारीरिक स्तर पर अत्यन्त सरल प्रतीत हो सकती हैं, किन्तु श्वास तथा मन के मिलित योग से अत्यन्त प्रभावी सिद्ध होती हैं। हजारों लोगों के ऐसे अनुभव हैं कि इनके नियमित अभ्यास से न केवल शारीरिक रोगों से छुटकारा मिलता है वरन् मन की प्रसन्नता, अन्तर्मुखता और आत्मविश्वास की भी प्राप्ति होती है। यह पुस्तक इस विशिष्ट योग का प्रारम्भिक किन्तु आवश्यक ज्ञान उपलब्ध कराने का विनम्र प्रयास है। इसके आधार पर न केवल हम संजीवनी क्रिया के अगले उन्नत चरणों में बल्कि योग की अन्य विभिन्न साधनाओं में भी सहज ही प्रवेश पा सकेंगे।

–स्वामी बुद्धपुरी

(भाग–1)

मुख्य
संजीवनी क्रिया

प्राणस्येवं वशे सर्वं त्रिदिवे यत्प्रतिष्ठितं।
मातेव पुत्रान् रक्षस्व श्रीश्च प्रज्ञांश्च विधेहि न इति॥

संजीवनी श्वास

1

(अज्ञान और निदान)

एक महत्त्वपूर्ण सच

नवजात शिशु ने नाभिमूल से सम्पूर्ण मस्तक को स्पन्दित करता हुआ प्रथम श्वास नाक से खींचा कि जीवनयात्रा शुरू हो गयी। मन, प्राण, बुद्धि और शरीर सभी विकसित होने शुरू हो गये।

नाभिमूल से टूटकर जीव ने एक श्वास छोड़ा कि सम्पूर्ण शरीर निष्प्राण हो गया। किसी एक इन्द्रिय छिद्र से प्राणी की चेतना ने महाप्रयाण कर दिया। शरीर मृत हो गया।

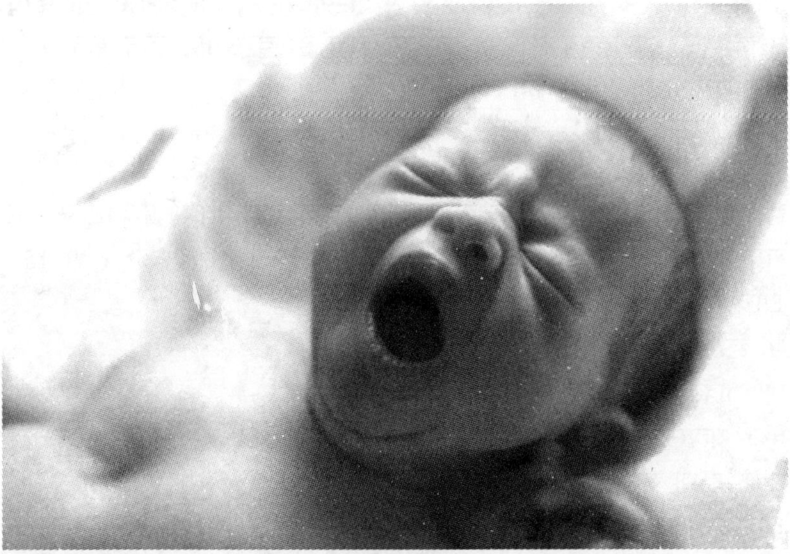

शिशु का प्रथम पूरक श्वास संजीवनी श्वास है। एक शिशु पूरे वेग से और जल्दी-जल्दी श्वास लेता है। श्वास लेने में उसका पूरा शरीर जैसे झूमता

सा है। नाभि से नीचे तक श्वास के कम्पनों की गति होती है। बड़ा होते-होते प्राय: प्रत्येक प्राणी ऐसा भरा-पूरा जीवनदायी संजीवनी श्वास लेने की कला भूलता जाता है। इसके फलस्वरूप उसका शरीर क्रमश: क्षीण होता जाता है, वृद्धावस्था का ग्रास बनता जाता है। वार्धक्य की सीमा पर तो वह श्वास अन्दर खींच ही नहीं पाता। ऐसे **आखिरी रेचक श्वास का ही नाम है, मृत्यु।**

एक दुखद विडम्बना

एक शिशु सहज किन्तु अनजाने ही गहरे अन्दर से भरा-पूरा संजीवनी श्वास लेता है। एक सामान्य व्यक्ति (चाहे वह वैज्ञानिक, डॉक्टर, इंजीनियर अथवा धर्म-प्रचारक भी हो) अधूरा श्वास ही लेता है। प्राय: वह शरीर की स्वाभाविक क्षमता से बहुत कम (लगभग 10 प्रतिशत) प्राणशक्ति ही भीतर खींच पाता है। इसका कारण है- इन्द्रिय छिद्रों से प्राणशक्ति की बहिर्मुखता, और इसका परिणाम है- रोग, वृद्धावस्था तथा मृत्यु।

यह मात्र आश्चर्य ही नहीं दु:ख की भी बात है कि लोग बड़े-बड़े डॉक्टर, वैज्ञानिक, इंजीनियर बन जाते हैं; लोक-सेवक, समाज-सुधारक, धर्म-प्रचारक बन जाते हैं; किन्तु जीवन की समस्त क्रियाकलापों के आधारभूत श्वास विज्ञान के बारे में शिक्षा प्राप्त करने का तनिक भी प्रयास नहीं करते, न ही उन्हें इस विषय में कोई जिज्ञासा होती है। वे सभी जीवनपर्यन्त अधूरा और मृत्युग्रसित श्वास ही लेते रहते हैं।

अन्धेरे में तीर

कुछ लोग अनेक प्रकार की कसरतें करके तीव्र श्वास-प्रश्वास के द्वारा शरीर में अधिक प्राणवायु खींचने की कोशिश करते हैं। वे अधिक प्राणवायु खींच तो लेते हैं, किन्तु फिर भी इस प्राणवायु को शरीरस्थ प्राणशक्ति के केन्द्र नाभिमूल तथा ब्रह्मरन्ध्र तक पहुँचाने में कभी भी समर्थ नहीं होते। अतिरिक्त प्राणवायु माँसपेशियों में चक्राकार घूमती रहती है। परिणामस्वरूप उनका शरीर

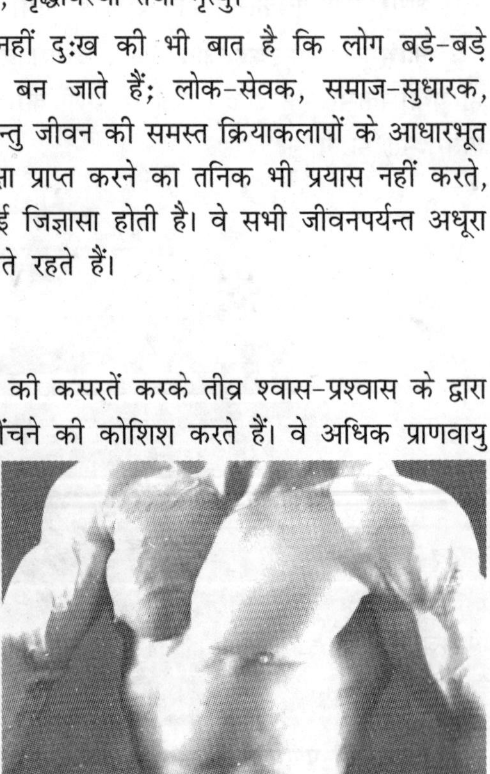

आकर्षक तथा सख़्त फड़कती माँसपेशियों वाला तो बन जाता है, किन्तु इसके साथ-साथ शरीर में संचित हो रही आवश्यकता से अधिक ऑक्सीजन free radicals (मुक्त कणों) को प्रचुरता से जन्म भी देने लगती है। इस कारण उनके मस्तक के सूक्ष्म स्तरों की क्रियाशीलता तो कम होती ही है, शरीर को धीरे-धीरे क्षय करने वाले अनेक लाइलाज रोग भी पनपने लगते हैं। यही कारण है कि ऐसे अनेक कसरती व्यक्ति न केवल अल्पायु होते हैं, बल्कि दवाओं के गुलाम बने हुए जीवन बिताते हैं।

जैसे कोई मन्दाग्नि वाला व्यक्ति बढ़िया पौष्टिक भोजन खा-खाकर अपने शरीर को मोटा तथा भारी बना लेता है, वैसे ही कसरती व्यक्ति भी भारी मात्रा में ऑक्सीजन को शरीर में खींच-खींचकर सख़्त और मजबूत माँसपेशियाँ बना लेता है। इसके साथ ही वह शरीर को धीरे-धीरे क्षीण करते रहने वाले दीर्घकालिक रोगों को भी निमन्त्रण देता है। जिस प्रकार ठूँस-ठूँस कर भोजन करने वालों के पेट और कूल्हे मोटे होते हैं, कुछ-कुछ उसी प्रकार जबर्दस्ती ऑक्सीजन अन्दर खींचने वालों की माँसपेशियाँ सख़्त तथा भारी होती रहती हैं। अतः एक प्रकार से दोनों में कोई खास अन्तर नहीं है।

समाधान के सूत्र

इस समस्या से उबरने के लिए आवश्यक है– नख से शिख तक शरीर के समस्त स्थूल एवं सूक्ष्मतम स्तरों को श्वास-धारा के माध्यम से स्पन्दित करते हुए शरीरस्थ प्राणशक्ति के केन्द्र नाभिमूल (सूर्य) तथा मस्तक मण्डल (चन्द्र) से सम्बन्ध जोड़ना। इसका सरल सा अर्थ है, नख से शिख तक शरीर को प्राणवायु (स्थूल दृष्टि से ऑक्सीजन) से लबालब भर देना। इतना ही नहीं बल्कि नाक से खींची जा रही ऑक्सीजन को पूरा हजम भी कर लेना, जिससे कि शरीर में free radicals बनेंगे ही नहीं और शरीर के क्षीण होने की प्रक्रिया ही रुक जायेगी।

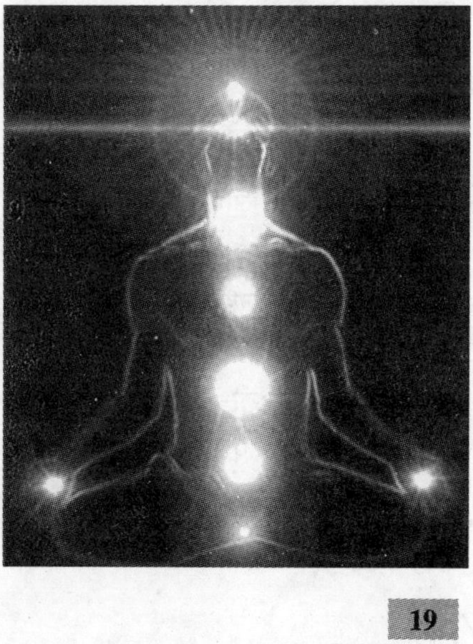

इसके लिए आवश्यकता है, एक ऐसी क्रिया की, जिसके द्वारा न सिर्फ जीवनदायी संजीवनी श्वास को खींचा जा सके बल्कि उसे रोम-रोम में भरकर एक स्वस्थ एवं शक्तिसम्पन्न शरीर तथा अन्तर्मुखी मन की प्राप्ति भी की जा सके, इसके ही द्वारा परमसुख समाधि के राज्य में प्रवेश होता है।

आशा की किरण

जिसके द्वारा कोई भी प्राणी, चाहे वह वृद्ध हो, युवा हो, रोगी हो, स्त्री हो या पुरुष हो, पुनः संजीवनी श्वास खींच सकने की दक्षता प्राप्त कर सकता है, ऐसी क्रिया का नाम ही है– **संजीवनी क्रिया।**

संजीवनी क्रिया का प्रारम्भ कोई भी व्यक्ति, चाहे वह कितना भी रोगी क्यों न हो, कर सकता है। इस क्रिया से उसका शरीर स्वस्थ होता जायेगा। क्रिया के अन्तिम चरण की पूर्णता में, संजीवनी श्वास की निरन्तरता तथा स्थिरता में समस्त शरीर नख से शिख तक प्राणवायु से भरा-पूरा रहेगा। संजीवनी श्वास की स्थिरता का ही नाम है, समाधि या केवल कुम्भक। जिस प्रकार तेल से पूर्ण दीपक का ज्योति-शिखा त्याग नहीं करती, ज्योति जलती ही रहती है, उसी प्रकार प्राण से लबालब भरे हुए शरीर को छोड़ने के लिए देहधारी जीव बाध्य नहीं होगा, वह मृत्युञ्जयी होगा।

इस संजीवनी क्रिया के विज्ञान को भली-भाँति धारण करने के लिए, श्वास के विज्ञान तथा परम्परागत व्यायामादि क्रियाओं से संजीवनी श्वास क्रियाओं के अन्तर को अच्छी तरह से समझ लेना आवश्यक है।

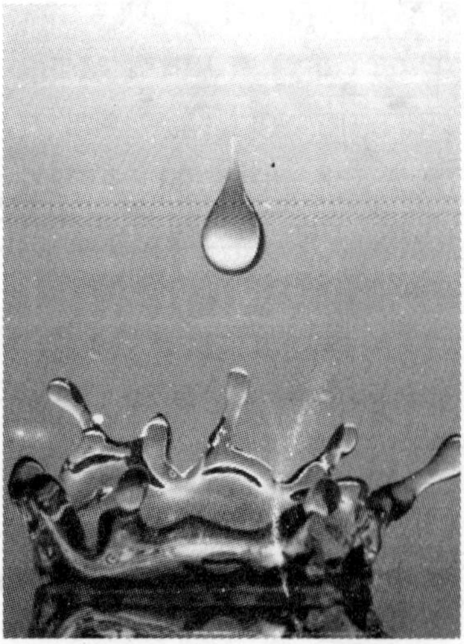

श्वास का विज्ञान

श्वास हमारे जीवन का आधार है, किन्तु हमारा दुर्भाग्य है कि दुनिया की चकाचौंध में उलझकर विषयों की बहिर्मुखी दौड़ के वशीभूत हुए हम अपने आधार से ही दूर होते जाते हैं। इसके परिणामस्वरूप रोग, कमजोरी और बुढ़ापा हमें आ दबोचता है। एक बच्चा बड़े वेग से भरे-पूरे श्वास लेता है और

नतीजा उसका शरीर बड़ी तेजी से बढ़ता है। श्वास लेते समय उसका पूरा शरीर एक लय में झूमता है, क्योंकि शरीर के दोनों केन्द्र (मस्तक-मण्डल तथा नाभि-कुण्ड) इस क्रिया में संलिप्त होते हैं। वस्तुतः श्वास को खींचने का केन्द्र नाभि में है और बाहर निकालने का केन्द्र मस्तिष्क में है। भीतर खींचे जाने वाली निम्नगामी वायु को अपान और बाहर निकलने वाली वायु को प्राण भी कहा जाता है। इन दोनों का संतुलन ही श्वास की गहराई और पूर्णता निर्धारित करता है।

एक शिशु पूरी तरह अन्तर्मुख होता है, अतः वह स्वाभाविक ही इन केन्द्रों से जुड़ा होता है। आयु की वृद्धि के साथ-साथ बढ़ते हुए बाह्य विषयों के आकर्षण तथा राग-द्वेष, काम-क्रोध आदि विकारों के कारण जीव की सुरति बहिर्मुखी होती जाती है और श्वास भी उथला होने लगता है। विभिन्न कार्यों को करते हुए श्वास की बहिर्मुखी गति आगे दर्शायी गयी है:-

विभिन्न कार्य	श्वास चाल
साधारण	12 अंगुल
गाते समय	16 "
खाते समय	20 "
चलते समय	24 "
सोते समय	30 "
सम्भोग में	36 "
जोर के काम या क्रोध में	30-60 अंगुल

श्वास जितने अधिक बहिर्मुखी होंगे, उतनी ही अधिक प्राणशक्ति का क्षय होगा। यदि पूरा शरीर प्राणशक्ति से भरा हो, तो उसमें रोग या बुढ़ापे के आने का प्रश्न ही नहीं पैदा होता। ऐसा भरा-पूरा श्वास जो पूरे शरीर में प्राणों का संचार करे, उसे यौगिक श्वास या संजीवनी श्वास कहते हैं।

संजीवनी श्वास तथा क्रिया

हमारे शरीर में श्वासों को भरने-छोड़ने के द्वार दो नासाछिद्र हैं तथा फेफड़े उनके संचरण का साधन हैं। हमारे फेफड़े बिल्कुल गुब्बारों की तरह होते हैं। उनमें वायु भरने से वह दसों दिशाओं में फूलने लगते हैं।

लेकिन अधिकतर लोग श्वास इस प्रकार से लेते हैं कि उनके नथुनों को भी शायद ही श्वास के आने-जाने का पता लगता हो। कारण यह है कि स्थूल आहार तथा विषय-विकार के चलते हमारे शरीरों में जड़ता व स्थूलता की मात्रा बढ़ गयी है। बहिर्मुखता के कारण शरीर में सदा ही एक तनाव-सा बना रहता है। इस कारण नाभिकुण्ड ही नहीं, मस्तक से भी श्वास का सम्बन्ध टूटता जाता है।

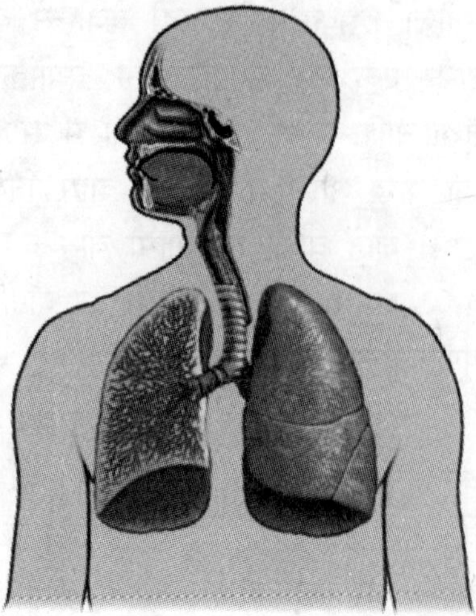

संजीवनी श्वास के लिए हमें शरीर को इस प्रकार ढीला छोड़ना होगा कि श्वास भरते-छोड़ते समय नाभि को केन्द्र बनाकर पूरा शरीर ही झूम उठे। लेकिन इस बात का विशेष ध्यान रखना है कि शरीर की गति श्वासों के अधीन ही हो। श्वास एक प्रकार से अनैच्छिक क्रिया ही है (यद्यपि अभ्यास के द्वारा इस पर नियन्त्रण किया जा सकता है)। अतः इस पर हमारा नियन्त्रण तथा ध्यान कम ही होता है। वैसे भी हमारा मन इन्द्रियों के अधीन है और इन्द्रियाँ बाह्य विषयों के आश्रित हैं, इस कारण भी शरीर के भीतर हमें कुछ पता ही नहीं लगता। शारीरिक गतियों के साथ श्वास की तारतम्यता बनाने के लिए हमें अपनी सुरति को शरीर के अन्दर ले जाना होगा। आँखों को बन्द रखने से यह कार्य सहज प्रारम्भ हो सकेगा। इसके साथ ही एक विशेष क्रम में की जा रही प्रत्येक गति के समय हमें उन अंगों पर विशेष ध्यान रखना होगा, जिनके आश्रित वह गति की जा रही है, क्योंकि मन और प्राण आपस में घुले-मिले होते हैं। जब हम मन के द्वारा किसी अंग विशेष का अवलोकन करते हैं, तो प्राण सहज ही वहाँ गति करते हैं। इस प्रकार एक क्रमपूर्वक अभ्यास करने से शरीर के रोम-रोम में जीवनदायी श्वास अर्थात् प्राणशक्ति का संचार होने लगता है। इस गुण के कारण ही इस विशेष क्रम का नाम रखा गया है, **संजीवनी क्रिया** अर्थात् सम्यक (भली-भाँति अथवा भरपूर) जीवन जीने की शक्ति प्रदान करने वाली क्रिया।

प्रासंगिकता तथा महत्त्व

यहाँ पर एक प्रश्न उठना स्वाभाविक है कि आसन, प्राणायाम आदि योग साधनों का लक्ष्य भी तो यही है, फिर एक नवीन नाम तथा विधि का क्या प्रयोजन है। इस विषय में सर्वप्रथम तो हम यह जान लें कि संजीवनी क्रिया का अन्य योग साधनों से कोई विरोध नहीं है बल्कि यह तो हमारे शरीर एवं मन को गम्भीर योगाभ्यास के लिए तैयार ही करती है।

प्रायः योग शिविरों में यही देखने में आता है कि प्रत्येक व्यक्ति की अपनी क्षमता है तथा वह सभी आसन-प्राणायाम नहीं कर पाता है। इस कारण उसके मन में निराशा तथा कुण्ठा पैदा हो जाती है। दूसरी बात प्रत्येक योगासन तथा प्राणायाम की सीमा है कि शरीर की अमुक अवस्था में (रोग आदि में) कुछ सीमित क्रियाएँ ही की जा सकती हैं। प्रायः लोगों को अपने शरीर की अवस्था का पता ही नहीं चलता, जब तक कि रोग पूर्णतया प्रकट न हो जाये। अथवा कई बार उत्साह के कारण भी लोग अपनी सामर्थ्य से अधिक जोर लगा बैठते हैं। घरों पर जाकर मार्गदर्शन के बिना तो यह कार्य और भी कठिन हो जाता है। बहुधा देखने में आता है कि योग अभ्यास करने के बावजूद अनेक रोग खड़े हो जाते हैं। ऐसे में प्रायः अनेक लोग न केवल अभ्यास छोड़ देते हैं, बल्कि योग के प्रति उनकी श्रद्धा भी कम होती जाती है।

संजीवनी क्रिया में अत्यन्त सरल तथा सहज क्रियाओं को इस प्रकार से क्रमबद्ध किया गया है कि न तो उन्हें याद रखने में कोई कठिनाई होती है और न ही उनके अभ्यास में। सामान्य रोग आदि की अवस्था में, स्त्रियों में मासिक के दिनों में भी यह क्रिया की जा सकती है। दिल तथा श्वास के रोगी अथवा वृद्ध भी इसे सहजता से कर सकते हैं। कारण स्पष्ट है कि श्वास तो रोगी-योगी सभी लेते हैं और हमें अपने शरीर को श्वास से पूरा भरना ही तो है। शारीरिक क्रियाएँ तो मात्र हमें श्वास भरने में सहयोग ही करती हैं। वर्तमान युग के भागदौड़ और तनाव भरे जीवन में शरीर का रोम-रोम खिंचा और कसा रहता है, जिस कारण प्राणों का प्रवाह पूरे शरीर में नहीं हो पाता। शरीर थका-टूटा-सा रहता है और मन चिड़चिड़ा-सा, जिसके कारण अनेक रोग उत्पन्न हो जाते हैं। संजीवनी क्रिया का लक्ष्य ही इस समस्या का उन्मूलन है। हजारों लोगों के अनुभवों से यह पूर्णतया सिद्ध भी हो चुका है।

अनुभवसिद्ध साधना

एक बार इन्दौर के 'दैनिक भास्कर समूह' के लिए शिविर लगाया गया। प्रथम सत्र के समाप्त होते ही अनेक अभ्यासियों ने बताया कि पिछली रात कुछ व्यस्तता होने के कारण वे लोग काफी थकावट और भारीपन महसूस कर रहे थे, किन्तु मात्र आधे घण्टे की साधना से वह तरोताजा हो गये। उन्हीं में से एक सज्जन को माइग्रेन की शिकायत थी। दिन में दो बार दवाई लेकर भी कोई आराम नहीं हुआ था, किन्तु साधना करने से उनका सिर बिल्कुल हल्का हो गया।

इसी प्रकार आश्रम में लगे शिविरों में तीन दिनों में ही अनेक लोगों का पाँच से सात किलो वजन कम होता देखा गया है। जोड़ों का दर्द तथा जोड़ों के सख़्त हो जाने (फ्रोजेन शोल्डर आदि) में भी अनेक लोगों ने लाभ प्राप्त किया है। सबसे बढ़कर अस्थमा के अनेक रोगियों ने इस क्रिया के अभ्यास से बहुत लाभ प्राप्त किया है। यहाँ पर यह स्पष्ट कर दें कि अस्थमा के रोगियों को बहुत कम समय के लिए कुम्भक कराया जाता है। अन्य सभी के लिए भी यही निर्देश होता है कि वह उतनी ही देर श्वास रोकें, जितनी देर वह सहजता से कर सकें अर्थात् श्वास रोकने के बाद पुनः भरते अथवा छोड़ते समय श्वास की तनिक भी आवाज न आये और न ही कोई झटका लगे। दिल के रोगी तथा उच्च रक्तचाप के रोगियों को भी इस विधि से कुम्भक करने से लाभ ही हुआ है।

अनेक विद्यार्थियों ने बताया कि संजीवनी क्रिया के अभ्यास से उनके शरीर में ऊर्जा बनी रहती है तथा मस्तिष्क तरोताजा रहता है। वस्तुतः यह तो एक सार्वजनिक अनुभव है कि इस साधना के अभ्यास के बाद शरीर और मन में ऊर्जा तथा उत्साह की वृद्धि हो जाती है। लखनऊ के एक वन अधिकारी जो प्रायः एक दशक से भी अधिक समय से डिप्रेशन (अवसाद) से पीड़ित थे और किसी भी प्रकार से उन्हें आराम नहीं आ रहा था, यहाँ तक कि उनके भाई, जो स्वयं एक कुशल योग प्रशिक्षक थे, हिम्मत हार चुके थे, संजीवनी क्रिया के अभ्यास से कुछ ही महीनों में वह पुनः ऊर्जा तथा उत्साह से भर गये।

ऐसे अनेक उदाहरण हैं, इस साधना के चमत्कारी प्रभावों के सम्बन्ध में, जिनसे हम थोड़ी-बहुत प्रेरणा तो ले सकते हैं, किन्तु लाभ तो तभी होगा जब

हम स्वयं इसका श्रद्धापूर्वक अभ्यास करेंगे। अतः यह आवश्यक है कि हम इसके विभिन्न पहलुओं को पूरी तरह से समझ कर आत्मसात् कर लें।

अब तक की चर्चा से यह तो स्पष्ट हो गया है कि संजीवनी क्रिया में श्वासों के अधीन रखते हुए कुछ शारीरिक गतियों के द्वारा मन तथा प्राणों को सम्पूर्ण शरीर में संचारित किया जाता है। इस प्रकार पूरे शरीर में प्राण ऊर्जा का संचार होने से नाड़ियों में जमा मल तथा चर्बी दग्ध होने लगती है, रक्त का प्रवाह सुचारित हो जाता है, विषाक्त पदार्थ तथा free radicals भी हजम होने लगते हैं या शरीर से बाहर निकाल दिये जाते हैं, विभिन्न रोगों के अणु नष्ट हो जाते हैं और शरीर शक्तिसम्पन्न हो जाता है, जीवनी शक्ति में वृद्धि होने से शरीर युवा होने लगता है, अन्तर्मुखता तथा एकाग्रता में वृद्धि होने से समाधि राज्य की गहराइयों में प्रवेश होता है। यह सब जानकर अब हम संजीवनी क्रिया के विज्ञान को आत्मसात् करने के लिए पूर्णतया तैयार हैं।

◈◈◈

2 संजीवनी क्रिया

(साधना विज्ञान तथा विशेषताएँ)

संजीवनी क्रिया का परिचय प्राप्त करने से पूर्व यह उचित होगा कि हम इसकी विशेषताओं तथा अन्य साधनों से विशिष्टताओं को पहचान लें। वर्तमान युग में जबकि व्यायाम ही नहीं योगासनों तथा ध्यान आदि के भी नित नवीन रूप सामने आ रहे हैं, ऐसे में किसी भी साधन को भली-भाँति परखने के लिए यह आवश्यक है कि हम उसका अन्य साधनों से मिलान कर लें। प्रत्येक साधन तथा साधक की अपनी कुछ न कुछ सीमाएँ होती ही हैं। अतः किसी जिज्ञासु के लिए यह उचित होगा कि वह अपने शरीर तथा मन की स्थिति एवं अपनी आवश्यकताओं के अनुसार साधन विशेष का चुनाव करे। प्रायः देखने में आता है कि आसन, व्यायाम, प्राणायाम आदि समस्त पद्धतियों में भिन्न-भिन्न शारीरिक एवं मानसिक स्थितियों के लिए भिन्न-भिन्न साधनों का निर्धारण किया जाता है, किन्तु संजीवनी क्रिया की यह सबसे बड़ी विशेषता है कि एक सामान्य व्यक्ति बिना किसी आयु, लिंग अवस्था आदि भेद के इसे सहजता के साथ कर सकता है। इतना ही नहीं, नियमित अभ्यास के द्वारा वह अपने शरीर तथा मन में शक्ति का पूर्ण संचार भी कर सकता है।

प्रचलित व्यायामों से संजीवनी क्रिया की विशेषता

(1) व्यायामों में शारीरिक क्रियाओं तथा हाथ-पैर की गतियों के अधीन श्वास की गति होती है। प्राणी दौड़ता है, जौगिंग करता है, जिससे अपने आप श्वास चाल तेज हो जाती है। विश्राम करता है, तो श्वास ठहरने लगता है।

संजीवनी क्रिया में साधक एक योजनाबद्ध क्रम से श्वास चाल को कम तथा ज्यादा करता हुआ हाथ-पैर तथा शरीर के किसी भी अंग को एक नियन्त्रित तथा तालबद्ध गति देता है। यहाँ शरीर के अंगों की गति पूर्णतया श्वास की गति के अधीन ही होती है।

(2) व्यायाम का लक्ष्य अपने शरीर से भिन्न तथा बाहर होता है। जैसे-100 मीटर की दूरी, गोल-पोस्ट आदि। स्टिक, बाल, वेट, डम्बल, पैरलल बार आदि व्यायामों के आश्रय भी अपने से बाहर तथा भिन्न होते हैं। इस कारण अनजाने ही नहीं, बरबस भी श्वास की चाल तथा गति शरीर से बाहर की ओर ही गति करती है। परिणामस्वरूप अन्तर स्थित परमात्मीय चेतन शक्ति से प्राणी अनजाने ही कटता जाता है और विषयों का या धन-मान का गुलाम बनता हुआ क्रोधी, लोभी तथा अशान्त व दुखी बनता है।

संजीवनी क्रिया में प्राणशक्ति को पूरी सजगता और क्रमबद्ध विधि से अन्तर में स्थित परमात्मीय शक्ति से जोड़ा जाता है। यहाँ लक्ष्य शरीर के अन्दर ही है, अतः प्राणी अन्तर-स्थित शक्ति एवम् चेतना से सम्बन्ध जोड़कर शक्तिमान बनता हुआ आनन्दमग्न रहता है। ऐसा प्राणी धनादि पदार्थों का मालिक तो अवश्य बन सकता है, गुलाम नहीं।

(3) प्रायः अधिक व्यायाम के लिए अधिक मात्रा में स्थूल तथा गरिष्ठ आहार चाहिए अन्यथा शरीर कमजोर हो सकता है तथा अधिक आहार को हजम करने के लिए अधिक व्यायाम चाहिए अन्यथा शरीर भारी ही नहीं, रोगी भी हो जायेगा। यह तो एक प्रकार का दुष्चक्र-सा ही हुआ। कारण यही है कि सभी व्यायामों में श्वास की धारा अन्दर से बाहर की ओर गति करती है।

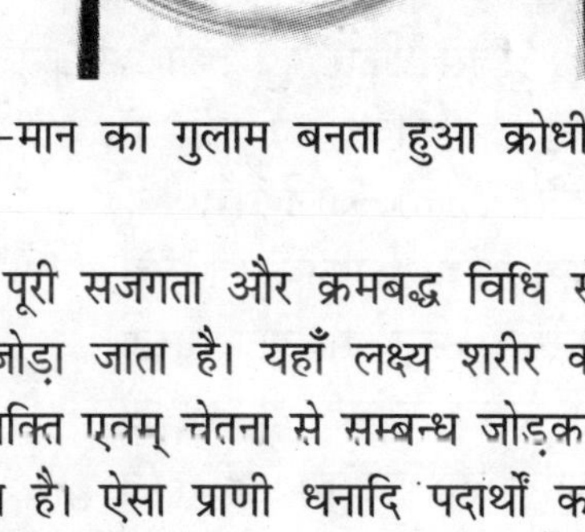

संजीवनी क्रिया में स्थूल आहार की आवश्यकता तो सहज ही कम होती जाती है, किन्तु शरीर की चुस्ती-फुर्ती और शक्ति आश्चर्यजनक तरीके से बढ़ती है। कारण यह है कि संजीवनी क्रिया का साधक श्वासों को ही अपना भोजन बनाने की दक्षता प्राप्त करता है। वह तो अब अन्नभक्षण के स्थान पर श्वासभक्षी (दिव्य देही) बनने के साधन पथ पर चलता है। वह तो समस्त ब्रह्माण्ड की सारभूत शक्ति 'प्राण' को ही अपना आहार बनाता है।

(4) व्यायाम करने में व्यक्ति अधिक से अधिक श्वास अन्दर खींचने की कोशिश तो करता है, किन्तु लक्ष्य बाहर होने के कारण अन्दर खींची गयी श्वास वायु को शरीर के सूक्ष्म स्तरों तक ले जाने में असमर्थ होता है। फलस्वरूप ऑक्सीजन का free radicals के रूप में शरीर के अन्दर ही जमाव होना शुरू हो जाता है। अनपचे भोजन के शरीर में संचित मल की तरह ही ये ऑक्सीजन के अणु भी शरीर की धातुओं में संचित होकर शरीर को रोग तथा वृद्धावस्था की ओर धकेलते रहते हैं।

जिस प्रकार पूर्व दिशा की ओर मुख करके पश्चिम दिशा में दौड़ने की कोशिश व्यक्ति की गति में अवश्य ही अटकाव के साथ-साथ भटकाव भी पैदा करेगी, ऊपर से यदि रास्ता भी उबड़-खाबड़ हो तब तो कहना ही क्या है। यही हाल शरीर के बाहर की ओर लक्ष्य रखकर व्यायाम आदि के द्वारा अधिक श्वास वायु अन्दर खींचने वालों का होता है। वे गहरा तथा लम्बा श्वास तो खींच ही नहीं सकेंगे, किन्तु दीर्घ रोगों के जनक घातक free radicals (मुक्त ऑक्सीजन अणुओं) को अवश्य ही शरीर में जमा करते रहेंगे।

Oxygen Molecule
(वायु / आक्सीजन के कण)

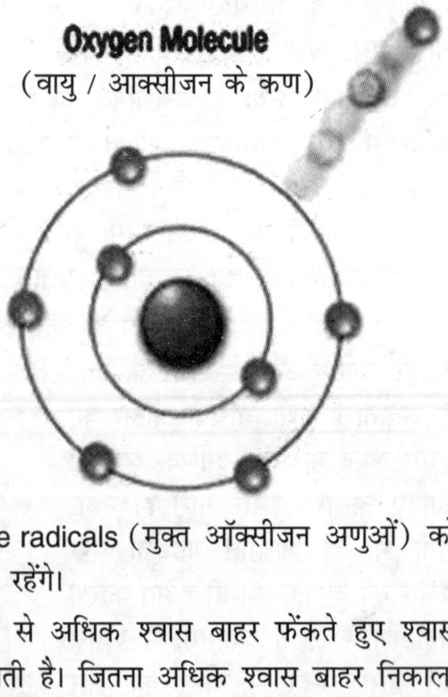

संजीवनी क्रिया में अधिक से अधिक श्वास बाहर फेंकते हुए श्वास अन्दर खींचने की क्रिया की जाती है। जितना अधिक श्वास बाहर निकाला जायेगा, उतना ही अधिक श्वास अन्दर गहरे स्तरों तक खींचा जा सकेगा।

वस्तुतः इसमें तो श्वास खींचने के केन्द्र ही शरीर की ऊपरी सतह से हटकर शनैः-शनैः इन्द्रिय छिद्रों की (शरीर की) गहराई में खिसकते चले जायेंगे। इसके लिए श्वास छोड़ने-भरने के साथ बीच-बीच में श्वास को रोकने का अभ्यास भी किया जाता है।

अपने-अपने स्तरानुसार अधिकतम भरे हुए श्वास को ध्यानपूर्वक रोकने के अभ्यास से ऑक्सीजन का लाल रक्त-कणों तक ही नहीं प्लाज़्मा तक भी सीधे ही व्याप्त होने का पथ बनने लग पड़ता है। तदुपरान्त यह ऑक्सीजन, शरीर के असंख्य अणुओं (cells) में शक्ति संचार करती है। जैसे-जैसे free radicals के जमा होने के अवसर क्षीण होते जायेंगे, भरा हुआ श्वास संजीवनी शक्ति में रूपान्तरित होगा। ध्यान रहे, **अधिकतम श्वास भरने की प्रक्रिया तभी सही हो सकेगी, जबकि रेचक और पूरक अच्छी तरह हो अर्थात् उसमें भरपूर प्राणशक्ति के साथ ही साथ वेग भी पूरा हो तथा इस रेचक और पूरक की गति के अधीन सहज ही शरीर के विभिन्न अंगों का तालबद्ध संचालन हो।** इस क्रिया में अंगों की गति का उद्देश्य तो मात्र शरीर की जड़ता को नष्ट कर प्राणशक्ति को सर्वत्र संचारित करना ही है।

योगासनों से संजीवनी क्रिया की विशेषता

योग के आठ अंगों में एक विशेष अंग है, 'आसन'। चौरासी (जैसा कि कुछ शास्त्रों में वर्णन है) ही नहीं, सैकड़ों आसनों का प्रदर्शन तथा प्रचार निपुण व्यक्तियों के द्वारा देश-विदेश में हो रहा है। निस्सन्देह आसनों के विधिवत् अभ्यास द्वारा शरीर को रोगों से मुक्त तथा स्वस्थ बनाया जा सकता है। तदुपरान्त ही प्राणधारा को नियन्त्रित तथा शरीर के अणु-अणु में संचारित करने का कौशल हस्तगत हो सकता है। किन्तु **शरीर में ही चेतना फँसी होने के कारण तथा विषयों के आकर्षणवश (अर्थात् योग के मुख्य प्रारम्भिक अंगों 'यम-नियम' का अभाव होने के कारण) एक प्राणी अनजाने ही आसनों का अभ्यास भी शारीरिक व्यायाम की तरह ही कर बैठता है।** यहाँ तक कि बड़े-बड़े ख्यातिलब्ध योगासनों के प्रचारक भी आसनों का प्रचार, शारीरिक व्यायाम की तरह ही करते-करवाते हैं।

विभिन्न आसनों में दक्षता प्राप्त करने का फल है, भरा-पूरा श्वास खींचने की क्षमता का विकास। आसनों के अभ्यास के द्वारा शरीर के विभिन्न जोड़ों तथा नाभि, हृदय एवं कण्ठ की ग्रन्थियों को लचकीला बनाया जाता है, जिससे

कि इन स्थानों को प्राणऊर्जा से पूरा भरा जा सके। तभी तो प्राणायाम की महती साधना का पथ प्रशस्त हो सकेगा। अन्यथा कपालभाति, भस्त्रिका आदि रटे-रटाये नामों की ओट में मनोराजी प्राणायाम ही होंगे। जिनका फल अनेक रोगों के रूप में प्रकट होगा।

साधारण व्यक्ति के लिए भरा-पूरा श्वास भरने की क्षमता अर्जित करने के लिए बहुत से आसनों का अभ्यास करना एक लम्बा तथा कठिन काम है। बहुत से आवश्यक तथा कठिन आसन तो वह कर ही नहीं पायेगा और फिर सभी आसनों को करने के लिए पूरा समय निकालना तथा कुशल मार्गदर्शन मिलना भी अत्यन्त कठिन काम है।

संजीवनी क्रिया में इन सभी समस्याओं का समाधान प्राप्त होता है। इसमें विभिन्न आसनों की क्रियाओं को श्वास-साधना के साथ इतनी सरलता से गूँथा गया है कि बिना कठिन आसन किये ही शरीर के सारे जोड़ों तथा ग्रन्थियों को प्राणऊर्जा से भरपूर किया जाता है। भरा-पूरा श्वास खींचने की क्षमता का विकास होता है तथा प्राणायाम की विशिष्ट साधना में प्रवेश संजीवनी क्रिया के प्रथम चरण से ही शुरू हो जाता है। निश्चित ही साधक के स्तर के साथ-साथ संजीवनी क्रिया के स्तरों का भी विस्तार होता जाता है।

वर्तमान समय में शारीरिक स्वास्थ्य, मानसिक उन्नति तथा आध्यात्मिक विकास के लिए अनेकानेक साधनों का आविष्कार तथा प्रचार हो रहा है। वस्तुतः उन समस्त साधनाओं का लक्ष्य तो शरीर के भीतर स्थित ऊर्जा तथा आनन्द के स्रोत से जुड़कर समाधि-राज्य में प्रवेशपूर्वक वहाँ पर स्थिति लाभ करना ही है। अतः उपर्युक्त दो तुलनाओं के आधार पर संजीवनी क्रिया के सिद्धान्त को समझते हुए अन्य विभिन्न साधनों से इसकी विशिष्टता सिद्ध की जा सकती है।

प्राणायामों से संजीवनी क्रिया की विशेषता

वर्तमान युग में आसनों के साथ-साथ प्राणायामों का भी बहुत प्रचार है। विभिन्न नामों से और नये-नये तरीकों से प्राण की अनेक क्रियाएँ करी और करवायी जा रही हैं। इस सम्बन्ध में एक महत्त्वपूर्ण तथ्य का ध्यान रखना अत्यन्त आवश्यक है। वह तथ्य है कि योग ग्रन्थों में प्राणायाम का अर्थ ही 'कुम्भक' किया गया है और उसका लक्ष्य माना गया है, समाधि अथवा कुण्डलिनी शक्ति का जागरण। एक ऐसी अवस्था जब शरीर के आधारकुण्ड में सो रही परमात्म-शक्ति जाग उठती है और साधक के शरीर में सभी मलों तथा जड़ता को दग्ध करते हुए ऊपर को उठती हुई मस्तक के चन्द्रमण्डल में प्रवेश कर जाती है। मस्तक की पीयूष ग्रन्थि का अमृत पिघलने लगता है और इस अमृत से शरीर का पोषण होने लगता है। इस अवस्था में साधक को न तो भूख लगती है और न प्यास। इतना ही नहीं, साधक को बाहर से श्वास खींचने की भी आवश्यकता महसूस नहीं होती है। यह 'केवल-कुम्भक' की अवस्था है। यही सच्चा प्राणायाम है। इसकी सिद्धि तभी सम्भव है, जब नख से शिख तक शरीर का रोम-रोम प्राणों से भर जाता है और बड़े वेग से प्राणों की अन्तर्मुखी गति होती है। समस्त इन्द्रिय-छिद्रों से प्राणों की धारा के उलटने से मन स्वाभाविक ही विषयों से उपराम होने लगता है।

दूसरी ओर वर्तमान समय में तो यही देखने में आता है कि बड़े-बड़े प्राणायाम करने वाले साधक ही नहीं, प्रचारकों के शरीर भी स्थूल और रोगों से ग्रस्त होते हैं। मन का तो पता ही नहीं लगता; काम-क्रोध तथा ईर्ष्या-द्वेष आदि विकारों में कोई अन्तर नहीं आता। तनिक विचार करके देखें कि यदि हम वास्तव में शास्त्र-सम्मत प्राणायाम कर रहे हैं, तो भला उन्हीं शास्त्रों में

वर्णित परिणामों की प्राप्ति क्यों नहीं होती। बल्कि यदि हम प्राणायाम के अभ्यास का समय बढ़ाते हैं, तो कई बार हमें विपरीत परिणाम मिलने लगते हैं। अनेक बार शिविरों में ऐसे लोगों से मिलना हो जाता है, जो प्राणायाम करके रोगी हो गये। इसका कारण समझने के लिए हम एक दृष्टान्त लेते हैं।

मान लीजिए आपकी कार के टायरों में हवा बहुत कम है और ऐसे में यदि आप अपनी गाड़ी को पूरी रफ्तार से दौड़ाते हैं, तो छोटे से भी गड्ढे में पड़ने से या कोई ईंट-पत्थर आदि टायर के नीचे आ जाने से गाड़ी के पंक्चर हो जाने की सम्भावना कई गुना बढ़ जाती है। ऐसा ही कुछ प्रचलित प्राणायामों में होता है। हम अपने फेफड़ों में पूरी हवा तो भर नहीं पाते, प्राण ऊर्जा को शरीर के गहरे केन्द्रों में तो ले नहीं जा पाते और प्राणायाम की क्रियाओं में पूरा जोर लगा देते हैं। इस प्रकार यह एक प्रकार से पेशियों का व्यायाम ही बनकर रह जाता है। यदि हम थोड़ी देर के लिए ऐसा प्राणायाम करते हैं, तो शरीर में गर्मी-सी पैदा हो जाती है। वर्तमान युग में हमारी जीवन शैली ही ऐसी बन गयी है कि शरीर का पूरा व्यायाम तो हो ही नहीं पाता, इसलिए हमें इस गर्मी से ऊर्जा तथा स्फूर्ति की अनुभूति होती है। किन्तु यदि हम इन प्राणायामों का समय बढ़ाते हैं, तो कई बार सिर में चक्कर, भारीपन, पेट की गड़बड़ी और यहाँ तक कि पेशियों का खिंचाव आदि भी हो जाता है।

वस्तुतः प्राणायाम का प्रारम्भ करने से पूर्व हमें शरीर में प्राणवायु को भरना सीखना होगा। संजीवनी क्रिया की यही विशेषता है कि यह शरीर के प्रत्येक अंग में प्राण-ऊर्जा का संचार करने में सहायक है। इस क्रिया में प्रायः शरीर के प्रत्येक जोड़ में गति होती है। पहले खड़े होकर और फिर पेट के बल लेटकर क्रिया करने से आगे से लेकर पीछे तक प्राणों की गति होती है। इसके बाद ही बैठकर क्रिया करने का अवसर आता है। सभी क्रियाएँ करते समय ध्यान तो श्वास को पूरा भरने तथा बाहर निकालने पर ही होता है। इतना ही नहीं, विधिवत् अभ्यास के द्वारा प्राणों को अन्तर्मुखी वेग प्राप्त होता है, जिससे ध्यान की गहराइयों में उतरने में सहायता प्राप्त होती है।

यहाँ पर स्पष्ट कर दें कि वस्तुतः संजीवनी क्रिया का लक्ष्य तो जीव का आध्यात्मिक विकास ही है, किन्तु इसके द्वारा मन तथा शरीर के रोग भी दूर होते ही हैं। कारण स्पष्ट है कि जब शरीर के मल दग्ध होते हैं और प्राणों का वेग अन्दर को गति करने लगता है, तो स्वाभाविक ही रोगों से मुक्ति प्राप्त

होती है। साधना-राज्य का एक सिद्धान्त है कि आत्म-अनुसन्धान का साधन तो मन की अन्तर्मुखी गति ही है, किन्तु जब तक मन विषयों में और स्थूल शरीर में फँसा हुआ है, तब तक यह सम्भव नहीं है। इसके अलावा जब तक स्थूल शरीर रोगों से ग्रस्त तथा जड़ता भरा है, तब तक मन इससे मुक्त भी नहीं हो सकता। अतः एक सच्ची साधना वही है, जो हमारे शरीर को रोगों से मुक्त करे, मन को अन्तर्मुख करे और अन्तःस्थ परमात्म-शक्ति से योग कराये। संजीवनी क्रिया इसी सिद्धान्त पर कार्य करती है।

उत्तरोत्तर अग्रिम चरणों में अनेक सूक्ष्म क्रियाओं तथा गहन प्राणायाम एवं ध्यान की क्रियाओं का समावेश भी किया जाता है। साधना के उन्नत स्तरों पर 'स्वर विज्ञान' तथा 'क्रिया कुण्डलिनी प्राणायाम' का भी इसमें सहज ही योग हो जाता है। प्राणों के सुषुम्ना में प्रवेश से जब नाद का प्रस्फुटन होता है, तो 'नादानुसन्धान' की साधनाओं का भी इसमें समावेश हो जाता है।

संजीवनी क्रिया की रूपरेखा

संजीवनी क्रिया का लक्ष्य है- शरीर के रोम-रोम को जीवनदायी प्राणऊर्जा से आपूरित कर देना। इस लक्ष्य की पूर्ति के लिए इसके पूरे अभ्यास को तीन भागों में बाँटा गया है। तीन अवस्थाओं में तीन-तीन अंगों को केन्द्र बनाकर शरीर के अणु-अणु में श्वास-शक्ति को संचारित किया जाता है। यह **तीन अवस्थाएँ हैं- खड़े होकर, पेट के बल लेट कर तथा बैठ कर।**

(1) सर्वप्रथम ही खड़े होकर क्रिया करने में आलस्य और जड़ता दूर होते हैं। साधक चैतन्य तथा ऊर्जावान बन जाता है और साथ ही सब ओर से ध्यान हटा कर

अपने शरीर में ही जाग्रत हो जाता है। वह श्वासधारा को अपने शरीर के सूक्ष्म केन्द्रों में प्रवेश करवाने के लिए सजग तथा समर्थ बन जाता है। यह स्थिति जाग्रत अवस्था की प्रतीक है। किन्तु यह जागृति निजानन्द स्वरूप में जागने की सीढ़ी है, न कि राग-द्वेषमय कंटकों में।

(2) लेट कर क्रिया करने में साधक की श्वास ऊर्जा सहज ही पीठ की ओर विशेष रूप से गति करने लगती है। सामान्यतया पीठ ही प्राणी के विश्राम का आधार है। पीठ यदि दुर्बल हुई, झुकनी शुरू हो गयी तो आधि-व्याधि आदि अनेक शत्रु आक्रमण करने के लिए तत्पर हो जाते हैं। पीठ धरती पर लगने का अर्थ ही है, पराजय। पीठ को श्वासमयी प्राणशक्ति से भरपूर करने पर सुषुम्ना पथ में प्रवेश मिलता है। सुषुम्ना ही जरा, व्याधि तथा काल को भी अपने में ग्रास करने वाली शक्तिधारा है। सुषुम्ना ही समस्त दैवी गुणों की खान है। सुषुम्ना से ही सदाचार के दिव्य अमृत सरोवर का साधक से सम्बन्ध जुड़ता है। सुषुम्ना के मूल में परमेश्वरी कुण्डलिनी शक्ति का वास है, जो जीव को जीवन देती है। एक सामान्य जीव में यह शक्ति अत्यल्प मात्रा में जागृत होती है, इसका सम्पूर्ण जागरण ही मानव जीवन का लक्ष्य है।

पीठ एवं पीठ के विभिन्न केन्द्रों (चक्रों) के प्राणशक्ति से स्पन्दित होते रहने से उन्हीं केन्द्रों से श्वास अन्दर खींचा जा सकना भी सम्भव हो सकेगा। जितना गहरे से श्वास खींचेंगे, उतना ही गहरे से रेचक भी हो सकेगा। इस प्रकार गहरे रेचक करने से नाड़ियों में जमा सूक्ष्म मल भी बाहर निकल कर शरीर को शुद्ध तथा हल्का बनायेगा। इस प्रकार संजीवनी क्रिया की सिद्धि की ओर अग्रसर होता हुआ साधक आयु की गिनती उलटी गिनने लगेगा। वस्तुतः वह तो कालचक्र को उलटा घुमाने वाला हो जायेगा।

(3) खड़े होकर तथा पेट के बल लेट कर शरीर में श्वास-शक्ति भर चुकने के उपरान्त ही बैठ कर विभिन्न श्वास क्रियाएँ की जाती हैं। **अब बैठ कर श्वास क्रियाएँ करने से प्राणायाम की साधना सहज ही शुरू हो सकेगी, क्योंकि अब सारा शरीर प्राणशक्ति से भरपूर है तथा पीठ (सुषुम्ना) के केन्द्र भी श्वास को गहरा भरने के लिए स्पन्दन कर रहे हैं।** पीठ के केन्द्र गतिशील होने से साधक की सुरति अनायास ही शरीर के अन्दर जाने लगती है और कुण्डलिनी शक्ति के जागरण में सहयोग करती है। पीठ को प्राणशक्ति से पूरा स्पन्दित किये बिना गहरे श्वास भरने की क्षमता प्राप्त कर सकना कठिन है।

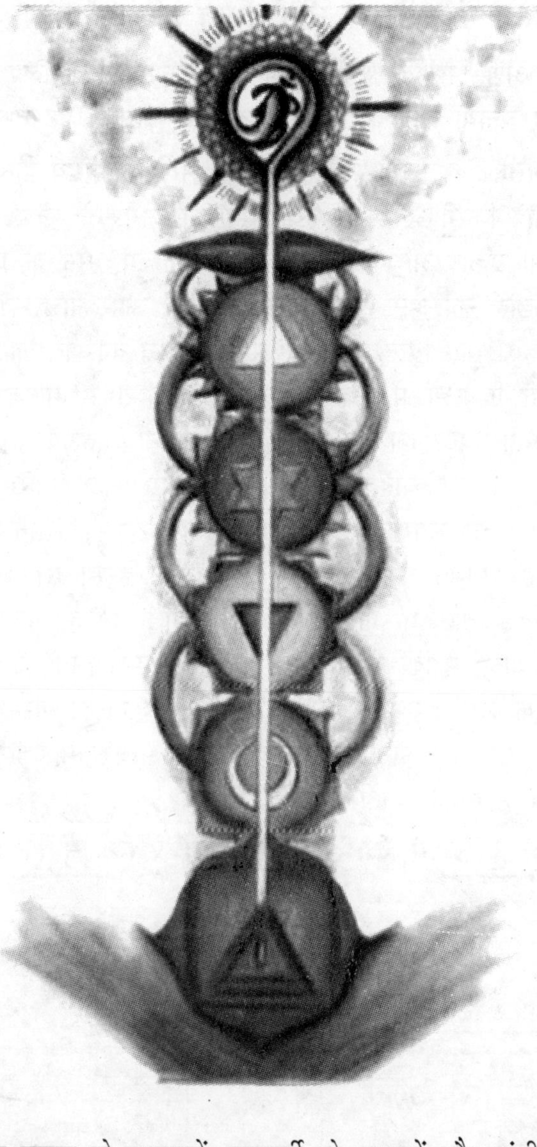

अनेक प्रकार के व्यायामों, मनमर्जी के आसनों और संजीवनी क्रिया में यही तो विशेष अन्तर है। संजीवनी क्रिया में मेरुदण्ड को सीधा रखकर रेचक, पूरक, कुम्भक करते रहने से श्वासशक्ति इन्द्रिय छिद्रों से लेकर पीठ तक शरीर के समस्त रोम कूपों को प्राणऊर्जा के स्पन्दनों से भर देगी। अनायास ही कुम्भक होने लगेगा अर्थात् भीतर के केन्द्रों में स्थिति बनने लगेगी।

संजीवनी क्रिया में शरीर के तीन प्रधान अंग

शरीर के अणु-अणु को श्वास ऊर्जा से भरपूर करने के लिए तीन मुख्य अंगों को केन्द्र बनाया जाता है। ये तीन अंग हैं:- छाती, पेट तथा पीठ।

(1) छाती : वायु को शरीर के अन्दर भरने का मुख्य केन्द्र छाती है। जिस प्रकार यदि किसी ब्लैडर में हवा पम्प की जाये, तो ब्लैडर सभी ओर फैलता है। इसी प्रकार अधिकतम श्वास को छाती में भरने के लिए श्वास खींचते समय छाती को आगे-पीछे, दायें-बायें तथा ऊपर-नीचे सभी दिशाओं में फैलना चाहिए। बात बिल्कुल सरल-सी है, किन्तु कोई विरला साधक ही छाती को सभी दिशाओं में पूरी सजगता और शक्ति से मानव शरीर की स्वाभाविक क्षमता तक फैला सकता है। ऐसा लिखना अतिशयोक्ति नहीं होगी कि लगभग 90 प्रतिशत व्यक्ति बिल्कुल अधूरा और उथला श्वास ही ले पाते हैं। यदि वे छाती का ऊपर का हिस्सा श्वास से भरते हैं, तो निचला हिस्सा सिकोड़ लेते हैं; सामने को भरते हैं, तो पिछला हिस्सा सिकोड़ लेते हैं; दायें-बायें भरते हैं, तो आगे-पीछे छाती को सिकोड़ लेते हैं। संजीवनी क्रिया की तीनों अवस्थाओं में विभिन्न क्रियाओं के द्वारा सम्पूर्ण छाती में श्वास भरने का अभ्यास एक क्रमबद्ध योजना के अनुसार किया जाता है। धीरे-धीरे साधक की छाती सारी अकड़न और ढीलापन दूर करके अधिकतम श्वास वायु को धारण करने में समर्थ हो जाती है।

पूरक में छाती का फैलाव तथा रेचक में सिकुड़ना

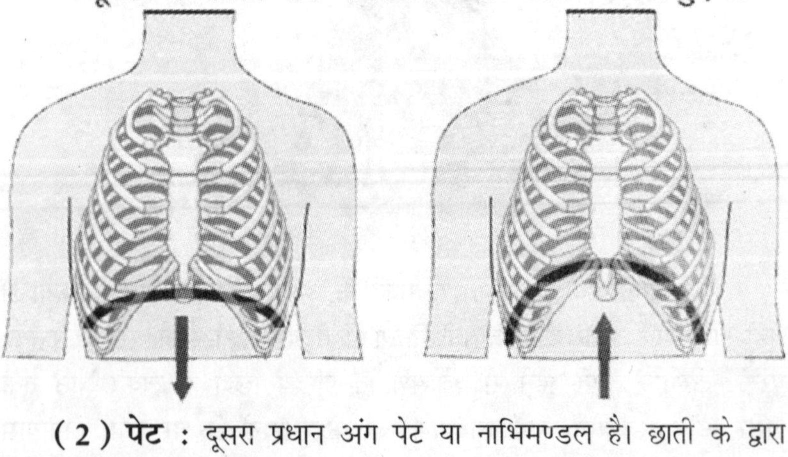

(2) पेट : दूसरा प्रधान अंग पेट या नाभिमण्डल है। छाती के द्वारा खींची जा रही श्वास वायु का संचालन जाने या अनजाने भी नाभि के द्वारा

ही होता है। योग की भाषा में नाभिमण्डल को ही अग्निकुण्ड कहा जाता है। जितनी अधिक मात्रा में कुण्ड की अग्निशिखा छाती के अन्दर फैलेगी, उतनी ही अधिक मात्रा में श्वास वायु (ऑक्सीजन) फेफड़ों में खिंची चली आयेगी। कुण्डाग्नि शिखा का तेज शरीर की समस्त नाड़ियों में भरकर उन्हें शुद्ध करेगा। शुद्ध नाड़ियों में प्राणवायु का प्रवेश सहज और स्वाभाविक ही होगा। खड़े, लेटे और बैठी अवस्थाओं में विशेष विधि से नाभि चालन करते हुए रेचक, पूरक तथा कुम्भक करने से कुण्डाग्नि शिखा विशेष प्रचण्ड होगी। तीनों अवस्थाओं में नाभि चालन करने से नाभिमण्डल में पूर्णरूपेण हलचल पैदा होगी।

(3) पीठ : पीठ के विशेष महत्त्व की ओर संकेत पहले ही दिया जा चुका है। गर्दन के पिछले हिस्से से लेकर गुदा छिद्र के इर्द-गिर्द तक के सारे विस्तृत क्षेत्र को ही हम 'पीठ' की संज्ञा दे रहे हैं। इसे ही शास्त्रों में पश्चिम मार्ग या राजपथ भी कहा गया है। परमात्मा के रहने का स्थान शरीररूपी मन्दिर का यह गर्भ गृह है। इसी में से ज्योतिस्वरूप परमेश्वर की अखण्ड मूर्ति प्रकट होकर सारे मस्तक (ब्रह्माण्ड) को प्रकाशित करती है। परमेश्वर की शक्ति कुण्डलिनी शिवा के निवास का शरीर में स्थान और जागरण का पथ पीठ में ही है।

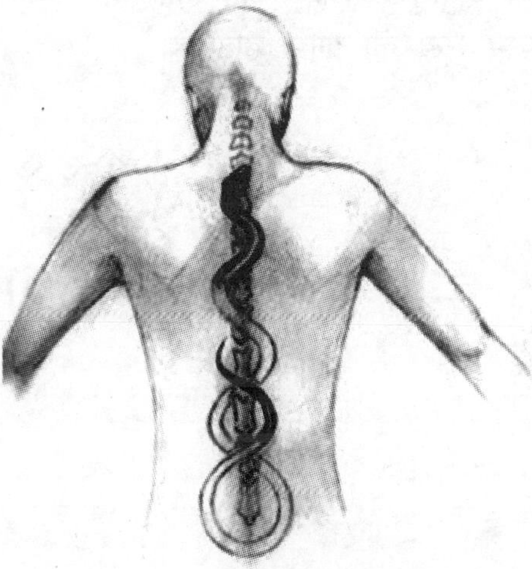

छाती तथा पेट में भरे जा रहे श्वास के स्पन्दनों की धारा का जब तक पीठ से पूर्ण सम्बन्ध नहीं जोड़ा जाता, जब तक इन स्पन्दनों को पीठ (सुषुम्ना) में ही लीन नहीं कर दिया जाता, तब तक श्वास की धारा बरबस ही इन्द्रिय छिद्रों से बाहर की ओर धक्के मारेगी। मन और प्राण विषयों के गुलाम तथा बहिर्मुखी बने ही रहेंगे।

संजीवनी क्रिया में मूलबन्ध (गुदा छिद्र को बन्द रखना) के सहयोग से शरीर की तीनों अवस्थाओं में रेचक-पूरक-कुम्भक के द्वारा समस्त 'पीठ' क्षेत्र

को प्राणशक्ति से भर दिया जाता है। प्राणशक्ति से भरा-पूरा गर्म और स्पन्दित हुआ पीठ का क्षेत्र इन्द्रिय-छिद्रों में व्याप्त प्राणी की चेतना को अपने में लीन करके प्रकाशमय अमृत पथ (सुषुम्ना) में गति करता है। यही तो कुण्डलिनी शक्ति का जागरण है। संजीवनी क्रिया साधना में यह जागरण अनायास ही होने लगता है।

अतः संजीवनी क्रिया के अभ्यास में हमें यह तथ्य सदा ध्यान में रखना है कि यह मात्र शारीरिक व्यायाम अथवा स्फूर्तिदायक योग नहीं है अपितु यह तो शक्ति जागरण के द्वारा आत्म-अनुसन्धान का एक सहज साधन है। इसके सतत् एवं विधिवत् अभ्यास से न केवल शरीर स्वस्थ होता है, बल्कि मन भी अन्तर्मुख तथा एकाग्र होता है। अन्ततः आत्मज्योति के साक्षात्कारपूर्वक परम सुख की प्राप्ति होती है।

◈◈◈

संजीवनी क्रिया का अभ्यास-क्रम

3

साधना की तैयारी

साधना कोई भी हो, साध्य तो परमसुख स्वरूप सच्चिदानन्द परमात्मा की प्राप्ति ही है। अत: साधक का कर्तव्य है कि वह सर्वप्रथम जीवन के सार तथा आधार परम पुरुष का स्मरण करे। इसी प्रकार अन्तर्पथ पर चलने के लिए निज पुरुषार्थ के साथ-साथ गुरु की कृपा तथा मार्गदर्शन अत्यावश्यक है। अत: उनके चरणों का भी स्मरण करते हुए साधना आरम्भ करें।

संकल्पः आदिगुरु परमेश्वर तथा गुरुशक्तिधारक सद्‌गुरु के चरणों में नतमस्तक होकर उनके प्रकट-अप्रकट सरंक्षण तले रोम-रोम में प्राणशक्ति का संचार करने वाली संजीवनी क्रिया करने के लिए संकल्प भरें।

तैयारी : (1) खड़े हो जायें। दोनों पाँवों का फासला $1^1/_2$ से 2 फुट तक रहे। दोनों पावों पर समान भार पड़े। दृष्टि सामने रहे बल्कि बेहतर होगा कि आँखों को बन्द ही रखा जाये। पेट, छाती तथा गर्दन को एक सीध में रखते हुए सहज खड़े रहें। दोनों बाँहों को सिर से सीधे ऊपर ले जाकर कलाइयों को बिल्कुल ढीला छोड़ दें। अब तीव्र गति से कलाइयों को हिलाना शुरू कर दें। एक ओर हाथों की उँगलियों के सिरों तक तीव्र कम्पन हो तथा दूसरी ओर

कन्धों तक। इतना ही नहीं, कन्धों से ये कम्पन सारे शरीर में भी सूक्ष्म रूप से भर जायें, जिससे सारा शरीर ही झूमना शुरू कर दे। एक से डेढ़ मिनट पर्यन्त यह क्रिया करें। अब हाथों को उसी ऊँचाई पर रोकते हुए फिर से ढीला छोड़ दें। मन ही मन हाथों को देखते हुए कम्पनों को अनुभव करें।

धीरे-धीरे हाथ सिर पर ले जाकर प्यार भरी थपकियाँ दें। सिर के पीछे, सामने, मस्तक, दोनों आँख, कान, मुँह, नाक आदि ऊपरी इन्द्रिय छिद्रों को, गर्दन को 5-5 या 7-7 बार प्यार से मलें। अब छाती, पेट आदि सारे शरीर पर ऊपर से नीचे हाथ फेरें। इस सारी क्रिया में आपका ध्यान दोनों हथेलियों के भीतर मध्य में केन्द्रित रहना चाहिए, जिनके द्वारा आप अंगों को सहला रहे हैं न कि उन अंगों पर जिनको आप सहला रहे हैं।

(2) श्वास वायु को शरीर के अन्दर खींचने के मुख्य द्वार हैं, दो नासाछिद्र। इनमें से जब श्वास बायें नासाछिद्र से चलता है तो उसे इड़ा स्वर कहा जाता है, जिसका सम्बन्ध मस्तक के चन्द्रमण्डल से है तथा दायें नासाछिद्र से चलने वाले स्वर को पिंगला कहते है और इसका सम्बन्ध नाभिकुण्ड के सूर्य मण्डल से है। जब यह दोनों स्वर पूर्णतया जागृत होते हैं अर्थात् दोनों प्राणऊर्जा से पूरी तरह भर जाते हैं, तब सुषुम्ना में प्रवेश मिलता है। इसलिए पहले इन दोनों ही नासाछिद्रों को क्रियाशील करना तथा खोलना आवश्यक है। इसके लिए नमस्कार की मुद्रा में दाहिने हाथ की पहली अँगुली को नासिका के दायें छिद्र तथा बायें हाथ की पहली अँगुली को बायें छिद्र पर रखें। हाथ की गति के साथ अँगुलियों को बारी-बारी इस प्रकार ऊपर-नीचे चलायें कि एक समय में एक ही छिद्र खुले। दायीं अँगुली ऊपर तो दायाँ छिद्र खुले, दायीं अँगुली नीचे तो दायाँ छिद्र बन्द हो। इसी प्रकार बायीं अँगुली की गति से हो। लम्बे श्वास भरते हुए अँगुलियों को ऊपर-नीचे करते जायें। एक ही बार श्वास भरने में तीन से पाँच बार दायाँ छिद्र तथा बायाँ छिद्र बारी-बारी खुले तथा बन्द हो। श्वास भरने तथा छोड़ने का समय बराबर रहे। नाक से श्वास भरने तथा छोड़ने की आवाज़ भी आये। इस प्रकार रुक-रुक कर बारी-बारी से दायें और बायें नासा छिद्रों से श्वास भरते जायें, छोड़ते जायें। 2-3 मिनट तक यह क्रिया पूरे वेग और मनोयोग से करें।

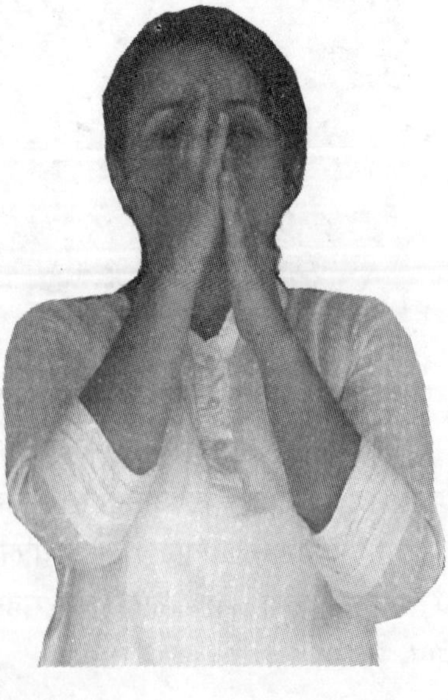

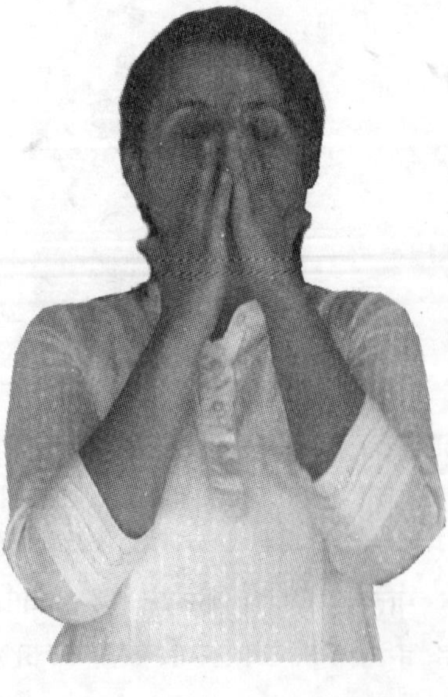

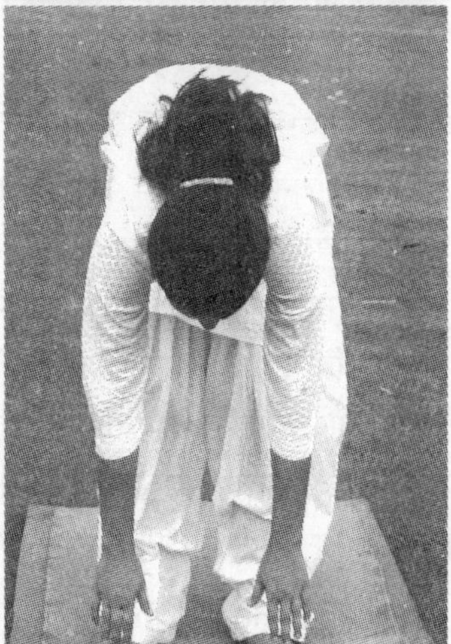

(3) दोनों हाथों को सिर के ऊपर थोड़ा पीछे तक ले जाते हुए तथा साथ ही साथ पीठ तथा गर्दन से बिना किसी तनाव के यथासम्भव पीछे झुकते हुए नाक से लम्बा श्वास भरें और बिना जरा भी श्वास रोके, आगे झुकते हुए मुँह से रुक-रुक कर श्वास निकाल दें। कण्ठ से श्वास छोड़ने की रुक-रुक कर आवाज आये। ध्यान रहे यह आवाज़ कण्ठ से उठ कर मुँह से निकल रहे श्वास की है, कण्ठ की नहीं। यह क्रिया 5-7 बार करें।

दुबारा फिर इसी क्रिया को करें। अन्तर यह रहेगा कि अब मुँह से श्वास छोड़ते समय गले से हा-हा-हा की आवाज आये। वस्तुतः आप सचमुच हँसते हुए रुक-रुक कर श्वास छोड़ रहे हैं। हर बार श्वास छोड़ते समय सामने हाथ फैलाते हुए इतना झुक जायें कि पेट पर दबाव पड़े और श्वास के विरेचन की ताल के साथ पेट भी अन्दर की ओर धक्का-सा मारता जाये। इसी क्रिया को बारी-बारी दायीं तथा बायीं ओर हाथ फैला कर भी कर सकते हैं। अब आप संजीवनी श्वास क्रिया करने के लिए तैयार हैं।

विशेष वक्तव्य

संजीवनी क्रिया प्रारम्भ करने से पूर्व हमें एक यह तथ्य भली-भाँति अपने मन में बिठा लेना है कि जीवन का आधार ही प्राणशक्ति अथवा स्थूल रूप से श्वास है। जब तक श्वास का सम्बन्ध नाभिकुण्ड में स्थित परमात्मा शक्ति के साथ जुड़ा रहता है, जीवनयात्रा चलती रहती है। विषयों की बहिर्मुखी दौड़ और श्वास के विज्ञान से अनभिज्ञ होने के कारण आयु-वृद्धि के साथ-साथ जीव का श्वास उथला होता जाता है। इतना ही नहीं श्वास भरने तथा छोड़ने के बीच में अन्तराल (gap) भी बढ़ता जाता है। रेचक और पूरक के बीच का अनचाहा व अनजाना अन्तराल (ठहराव) अज्ञान एवं अन्धकार का सूचक है। यह अन्तराल काम, क्रोध आदि विकारों तथा रोगों के अणुओं के छिपने का ठिकाना है। इस प्रकार शरीर तथा मन अशक्त होते जाते हैं और उनकी जड़ता बढ़ती जाती है। अन्ततः एक समय ऐसा आता है कि नाभि-कुण्ड से पूरी तरह सम्बन्ध टूट जाता है और शरीर में इतनी भी शक्ति नहीं होती कि वह श्वास को भीतर खींच सके, **इसी का नाम मृत्यु है।**

संजीवनी क्रिया में विभिन्न गतियों का इस प्रकार संयोजन किया गया है कि सिर से लेकर पाँव तक, रोम-रोम में प्राणशक्ति का संचार हो जाये। इसमें श्वासों का आलम्बन लेकर शरीर के प्रत्येक जोड़ की क्रिया की जाती है। प्रत्येक क्रिया में श्वासों को इस प्रकार संचालित किया जाता है कि श्वास भरने और छोड़ने के बीच में कोई अन्तराल न रहने पाये। बीच-बीच में कुम्भक के द्वारा प्राणवायु को भीतर गहरे स्तरों तक भरकर सुषुम्ना में प्रवेश करवाने का भी प्रयास किया जाता है।

ध्यान इसी बात का रखना है कि सभी क्रियाओं में शरीर की गति श्वासों के अधीन हो तथा शरीर में कहीं भी कसाव या तनाव न होने पाये। आँखों

को बन्द ही रखते हुए अपने शरीर के अंगों का निरन्तर अवलोकन किया जाये, क्योंकि मन और प्राण परस्पर घुले-मिले ही हैं। जहाँ-जहाँ मन की गति होती है, प्राण वहाँ सहज ही पहुँच जाते हैं और इसी प्रकार मन भी प्राणों की गति का अनुसरण करता है। क्रिया करते हुए सारा शरीर भी झूमता-सा जाये जिससे कि उस अंग विशेष को केन्द्र बनाकर, जिसकी क्रिया की जा रही है, प्राणों का प्रवाह सारे शरीर में हो जाये। जिस प्रकार एक शिशु जब श्वास लेता है, तो उसका पूरा शरीर झूमता है। श्वासों के कम्पन उसकी नाभि तक ही नहीं बल्कि पैरों तक भी गति करते हुए प्रत्यक्ष देखे जा सकते हैं। जब वह श्वास भरता-छोड़ता है, तो पूरा शरीर ही गति करता है।

कुम्भक करते समय भी शरीर में अनावश्यक कसाव नहीं हो अर्थात् छाती के जोर से श्वास न रोकें बल्कि ध्यान भ्रूमध्य में रखते हुए मूलबन्ध के द्वारा श्वास रोकने का प्रयास करें। **इसके अतिरिक्त अर्थात् जब तक आप स्वेच्छा से कुम्भक नहीं कर रहे, तब तक आपको रेचक और पूरक के बीच एक सैकेण्ड के सौंवे हिस्से के बराबर भी श्वास रोकना नहीं है। निरन्तर ही रेचक इस प्रकार से हो कि वह पूरक में लीन हो जाये और पूरक अपने आप रेचक में लीन हो जाये अर्थात् रेचक और पूरक की गति शरीर में एक चक्र-सा निर्मित करती जाये।** शुरू में ऐसा चक्र बनाने में श्वास की चाल थोड़ी अधिक हो सकती है, किन्तु श्वास को लम्बा करने की कोशिश में रेचक और पूरक के बीच अन्तराल को पनपने न दें।

जब तक विशेष निर्देश न हो, तब तक पूरक और रेचक का समय बराबर रहे। जब तक पूरक-रेचक कर रहे हैं, तब तक ही हाथ, छाती, पेट आदि शरीर के अंगों की गति हो, बाकी समय सारा शरीर स्थिर बना रहे। सभी क्रियाएँ करते समय चेहरा कमल की तरह खिला ही रहे। श्वासों की पूरी आवाज आती रहे अर्थात् श्वासों का वेग पूरा बना रहे। मस्तक आदि अंगों पर कोई तनी हुई रेखाएँ न हों। सभी क्रियाओं में ध्यान भ्रूमध्य में रखते हुए पूरक-रेचक के साथ विभिन्न अंगों का संचालन करना है।

अब संजीवनी श्वास क्रिया प्रारम्भ करते हैं। याद रहे, रेचक=श्वास छोड़ना, पूरक=श्वास भरना और कुम्भक=श्वास रोकना। प्रत्येक स्थिति में प्राय: 20-20 बार पूरक-रेचक करना है। 21वीं बार में लम्बा पूरक करके अपनी सामर्थ्यानुसार कुम्भक करना है, फिर धीरे-धीरे श्वास छोड़कर बाह्य कुम्भक कर लेना है अर्थात् जितनी देर सम्भव हो श्वास वापस भरनी नहीं है। यह एक क्रिया हुई, इसे तीन बार तक दोहरा सकते हैं।

प्रारम्भ में यदि 20-20 बार करना कठिन लगे, तो हम 5-7 या जितनी बार भी ठीक लगे उतने से शुरू कर सकते हैं। इसी प्रकार कुम्भक करते समय भी ध्यान रखें कि श्वास का धक्का नहीं लगे। आप 2-3 सेकण्ड से भी शुरू कर सकते हैं। नियमित अभ्यास के साथ-साथ आपकी क्षमता भी बढ़ती जायेगी। किसी भी क्रिया में कभी भी यदि आपको थकान महसूस होती है अथवा कभी आपको श्वास की कठिनाई-सी लगती है, तो वहीं रुक जायें और विश्राम करें। प्राय: ऐसी समस्या नहीं आती, फिर भी प्रत्येक शरीर की अवस्था तथा क्षमता में अन्तर होता ही है। अत: आप जितना कर सकते हैं उतने से प्रारम्भ करें, यदि अभ्यास सही ढंग से होता रहा, तो शीघ्र ही आपकी क्षमता बढ़ जायेगी।

खड़े होकर करने वाली क्रियाएँ

सबसे पहले खड़े होकर तीन क्रियाएँ करनी है। इनमें यदि आँखें बन्द रख कर सन्तुलन बना सकें, तो बेहतर होगा कि आँखों को बन्द ही रखें।

(1) चित्रानुसार पैरों के बीच में $1^1/_2$ से 2 फुट का फासला, दोनों पाँवों पर समान वजन रहे। यथासम्भव भ्रूमध्य में ध्यान। भ्रूमध्य में स्थित रहकर सहज भाव से सामान्य रूप से अपने पूरे शरीर के प्रति जागरूक रहें। कन्धों की सीध में कुहनियों को मोड़कर दोनों बाँहें धरती के समानान्तर तथा दोनों हाथ छाती के सामने। हथेलियाँ धरती की ओर खुली हुई। दोनों अँगूठे छाती से स्पर्श करते रहें। अँगुलियाँ फैली हुई तथा मध्यमा परस्पर स्पर्श करती हुई।

अब पूरक करते हुए दोनों हाथों को एक प्रकार से अर्द्धचक्र बनाते हुए कन्धों की सीध में दायें-बायें पूरा फैला दें। बिना रुके रेचक करते हुए पूर्व स्थिति में आ जायें। श्वास की आवाज़ यह निर्णय करेगी कि आप भरपूर श्वास ले रहे हैं। श्वास की लम्बाई आपकी सामर्थ्य के अनुसार रहे, श्वास न बहुत लम्बा न बहुत छोटा। यह क्रिया बीस बार करें।

इक्कीसवीं बार श्वास सामान्य से लम्बा (जितना सहज सम्भव हो) कर दें। कुम्भक करें व शरीर बिल्कुल स्थिर रहे। शुरू में ही अधिक लम्बा कुम्भक करने का लालच न करें (यद्यपि आपको कुम्भक करना अच्छा लगेगा)। सहज भाव से ही कुम्भक का समय बढ़ने दें। धीरे-धीरे श्वास छोड़ते हुए वापस आ जायें। यह सारी एक क्रिया हुई। इसे तीन बार तक कर सकते हैं। तदनन्तर विश्राम की अवस्था, हाथ नीचे। यदि कन्धों में या अन्य अंग में तनाव महसूस हुआ है, तो थोड़ा सा श्वास भरकर हल्की मालिश करें। अब आप अगली क्रिया के लिए तैयार हैं। एक क्रिया से दूसरी क्रिया में जाते समय, आपको जब भी ठीक लगे, हाथों की सूखी मालिश कर सकते हैं।

(2) पहली क्रिया की तरह सीधे ध्यानावस्थित खड़े हो जायें। अब दोनों कुहनियों को मोड़ कर इस प्रकार रखें कि दायीं कुहनी दायीं ओर तथा बायीं कुहनी बायीं ओर शरीर से लग जाये। दोनों हाथों की मुट्ठियाँ कस कर बँधी हुई, छाती से थोड़ा आगे किन्तु कन्धों के बराबर ऊपर की ओर। रेचक करें। पूरक करते हुए दोनों हाथ, अँगुलियाँ फैलाते हुए सीधे ऊपर। रेचक करते हुए शुरू की स्थिति में, मुट्ठियाँ बन्द। ऊपर इतना उठ जायें कि पैरों की एड़ियाँ भी ऊपर उठती जायें। रेचक-पूरक करने में श्वास की आवाज भी आये। 20 बार करें। 21वीं बार लम्बा

पूरक करते हुए हाथ ऊपर उठी अवस्था में ही कुम्भक करें। जितनी देर आसानी से कर सकते हैं, करें। रेचक करते हुए हाथ नीचे। इस प्रकार दूसरी क्रिया सम्पन्न हुई। इस सारी क्रिया को भी तीन बार तक दोहरा सकते हैं। अब अगली क्रिया के लिए तैयार हो जायें।

(3) यह क्रिया भी खड़े होकर ही करनी है। पहली दो क्रियाओं की स्थिति में ही खड़े रहें। रीढ़ की हड्डी जहाँ पर खत्म होती है लगभग वहाँ पर दोनों हाथों को कलाई से टिकाते हुए पीछे झुक जायें। गर्दन भी थोड़ी पीछे होगी लेकिन रीढ़ की हड्डी के अनुपात में ही। जितना अधिक पीछे झुक सकें, उतना ही अधिक यह क्रिया अच्छी होगी, किन्तु अपनी सामर्थ्य से अधिक न झुकें। रेचक-पूरक करने में शरीर को न हिलायें, पीठ को केन्द्र बनाकर श्वास भरने-छोड़ने से सहज आन्तरिक गति होगी। बीस बार रेचक-पूरक करें। इक्कीसवीं बार लम्बे पूरक के साथ यथासम्भव कुम्भक करें। यह एक क्रिया हुई। इस सारी क्रिया को भी तीन बार कर सकते हैं।

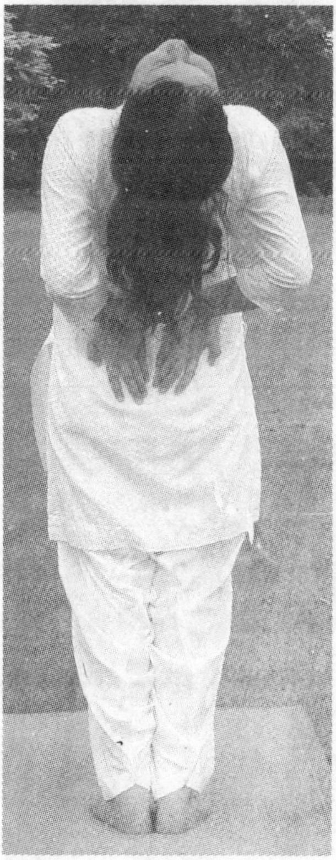

विशेष धारणा

अब विश्रामावस्था में धारणा करें कि खड़े होकर ये सभी क्रियाएँ करने से तन–मन की जड़ता और आलस्य दूर हो चुका है। सारा शरीर कम्पित और प्राणशक्ति से भरपूर है। आप अपने ही शरीर (भगवान् के मन्दिर) में जाग चुके हैं। इस धारणा के साथ शरीर की ऊर्जा को शरीर रूपी मन्दिर की गर्भ गुहा में ले जाने के लिए अब पेट के बल लेट कर क्रियाएँ करेंगे।

लेट कर करने वाली क्रियाएँ

(1) पेट के बल लेट जायें। सिर, रीढ़ और पैर सीधे में हों। एड़ियाँ जुड़ी हुई तथा पंजे बाहर को खुले हुए। दोनों बाहों को दायें बायें फैलाते हुए कुहनियों से मोड़ें तथा दोनों हाथों को एक–दूसरे के ऊपर रखें। दोनों हाथों के

ऊपर मस्तक को टिका दें। सारा शरीर बिल्कुल ढीला रहे। कन्धे तो इतने ढीले हों जैसे कि एक शव के होते है। शरीर के सारे अंग ऐसे धरती से स्पर्श करते हों जैसे कि धरती में धंसते जा रहे हों। इस क्रिया में केवल गर्दन को

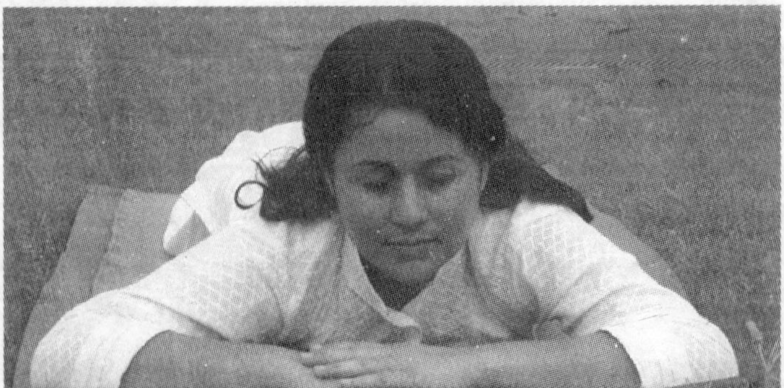

ही ऊपर-नीचे गति देनी है। कन्धे बिल्कुल न हिलें, बाकी सारा शरीर भी शव की तरह बना रहे । गर्दन में गति इस प्रकार हो जैसे कि एक मुर्दे की गर्दन होती है। लम्बा रेचक करें और क्रिया शुरू दें।

पूरक के साथ गर्दन ऊपर, रेचक के साथ गर्दन नीचे, मस्तक हाथों पर टिके। ऐसा 20 बार करें। 21वीं बार लम्बा पूरक और गर्दन ऊपर ही रोक लें। यथासम्भव श्वास रोकें। धीरे-धीरे रेचक करते हुए मस्तक हाथों पर टिका दें। यह एक क्रिया हुई। इसे भी तीन बार करना है। दूसरी क्रिया की तैयारी करें।

(2) यह क्रिया भी इसी प्रकार लेट कर ही करनी है। इसमें गर्दन के स्थान पर घुटनों को गति देनी है। अब ठोड़ी को हाथों के ऊपर टिका लें। पूरक के साथ घुटनों को मोड़ते हुए एड़ियों को नितम्ब से सटाते हुए हल्की ताड़न क्रिया करें।

ध्यान रहे, घुटनों को उठाते समय प्रायः कमर का हिस्सा भी ऊपर को उठ जाता है। इसका कारण है जड़ता तथा स्थूलता। कमर के निकट का सम्पूण क्षेत्र एक प्रकार से नाभिकुण्ड के साथ ही सम्बन्धित है। नाभिकुण्ड

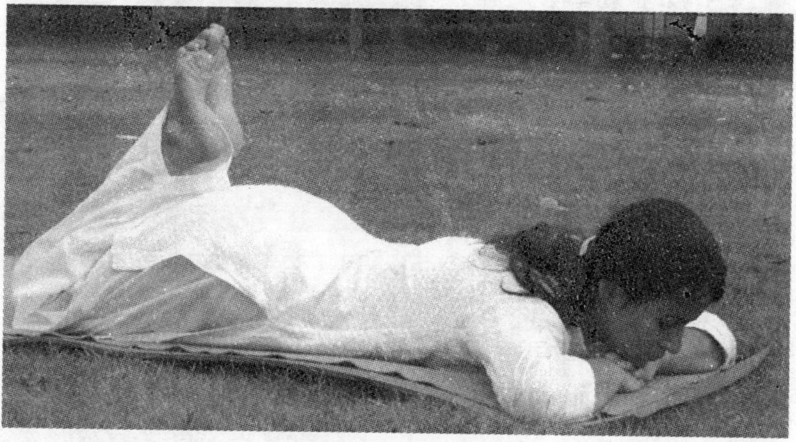

की अग्नि मन्द होने के कारण यहाँ पर मल संचित होता जाता है। पेट और कूल्हे मोटे होते जाते हैं और उनकी लचक कम होती जाती है। इस कारण से यह हिस्सा विशेष रूप से जड़ और सख्त-सा हो जाता है। प्राय: देखने में आता है कि जैसे-जैसे आयु बढ़ती है, कमर दर्द और पीठ दर्द की शिकायत भी बढ़ती जाती है। आपका प्रयास यह ही हो कि घुटने चाहे नितम्ब से न भी लगने पायें, किन्तु कमर नीचे धरती के साथ ही लगी रहे। इस स्थिति को बनाये हुए ही घुटनों की गति के साथ हल्की ताड़न क्रिया करें। नियमित अभ्यास से क्रिया सहज होती जायेगी। रेचक करते हुए एड़ियाँ नीचे धरती पर वापस।

यह क्रिया बीस बार करें। इक्कीसवीं बार लम्बा पूरक करते हुए यथासम्भव कुम्भक करें। धीरे-धीरे रेचक करते हुए एड़ियाँ धरती पर। यह एक क्रिया हुई। इसे भी तीन बार करें। तीसरी क्रिया के लिए तैयार हो जायें।

(3) इस क्रिया में घुटनों को मोड़ कर बैठें। दोनों घुटनों के बीच इतना अधिक फासला रखें कि पेट के बल झुकने से पेट का धरती के साथ पूरा स्पर्श हो जाये और छाती भी धरती को स्पर्श करे। दोनों बाहों को सिर से आगे सीधी फैलाकर नमस्कार की मुद्रा लगाएँ।

इस क्रिया में विशेष ध्यान दें :- दोनों जबड़े कस कर बन्द रहें। मूलबन्ध (गुदाछिद्र कस कर बन्द) लगा रहे। मन ही मन नाभि को देखें। पेट से पूरक करें। श्वास भरते समय मूलबन्ध जरा भी ढीला न हो बल्कि और भी कस जाये। पूरक के समय पेट फैल जाये, लेकिन पेट को ढीला नहीं छोड़ना है। रेचक के साथ सारा पेट कसें, विशेष रूप से नाभि का निचला हिस्सा। इसे बीस बार करें। इक्कीसवीं बार यथासम्भव कुम्भक करें। धीरे-धीरे रेचक करें। यह एक क्रिया हुई। इसे भी तीन बार करें।

जिन्हें घुटने पूरे मोड़ने में कष्ट हो, वे घुटने 90^0 के कोण पर ही रखें। इससे उनका पेट-छाती धरती के समानान्तर रहेंगे। शरीर का भार कन्धों से हाथों पर तथा कमर से घुटनों पर रहेगा।

विशेष धारणा

लेट कर की जाने वाली क्रियाओं से सारी पीठ श्वास के कम्पनों से भर गयी है, अब बैठ कर की जाने वाली क्रियाओं में ध्यान रखना है की **हम जब पूरक करते हैं, तब पीठ के क्षेत्र से छाती-नाभि तक श्वास भरता है और रेचक करते हैं, तब छाती-नाभि के क्षेत्र से पीठ तक श्वास वायु को बाहर निकालते हैं अर्थात् हमारे श्वास-प्रश्वास की क्रिया का केन्द्र इन्द्रिय छिद्र (मुख, नासिका आदि) न होकर मूलाधार, पीठ तथा मस्तक का पिछला हिस्सा (जिसमें ब्रह्मरन्ध्र स्थित है) हैं। यह धारणा बनाये रखते हुए बैठ कर संजीवनी क्रिया करनी है। यहाँ यह रहस्य धारण करना आवश्यक है कि जितना गहरे से (पीठ, कण्ठ के पिछले हिस्से से, मस्तक के पीछे से) श्वास को खींचा जायेगा, उतनी ही अधिक संजीवनी शक्ति का आकर्षण हम करेंगें। अन्यथा मुख या नासिका छिद्र के बाहरी हिस्सों से ही श्वास खींचने में प्राणी मृत्यु-पथगामी, काल राज्य में चक्कर खाने वाला ही बना रहेगा।** क्योंकि जितनी प्राणशक्ति

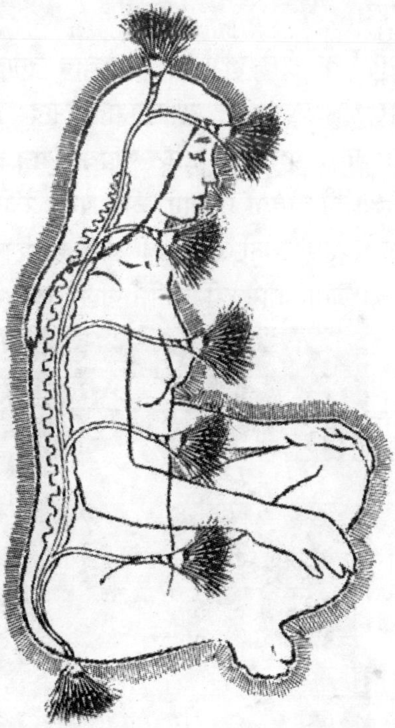

का व्यय सामान्यतया 12 अंगुल रेचन करने में होता है, मुख नासिका के ऊपरी कोण से श्वास खींचने में इसकी भरपाई नहीं हो सकती। एक युवा व्यक्ति भी अधिक से अधिक 10 अंगुल ही श्वास खींच सकेगा। 2 अंगुल की कमी रहेगी ही। यह 2 अंगुल की स्वाभाविक कमी अपने आप में ही और अधिक कमी का कारण बनती जाती है। फलस्वरूप आयु तथा रोगों की वृद्धि से यह कमी 3-4-5 इस प्रकार आगे से आगे और बढ़ती जाती है। एक समय आता है, जब प्राणी रेचक श्वास की भरपाई कर ही नहीं पाता। यही अन्तिम श्वास है।

अत: संजीवनी श्वास के लिए अधिकाधिक गहरे (पीठ में स्थित सुषम्ना क्षेत्र) से श्वास खींचने में बोध बनाए रखना है। इस बोध में जागृत रहते हुए अब हम बैठकर संजीवनी क्रिया करेंगे।

बैठ कर की जाने वाली क्रियाएँ

पद्मासन या वज्रासन में बैठें। यदि यह आसन कठिन लगें तो सुखासन में बैठें। पेट, छाती और गर्दन एक सीध में हों। जो सुखासन में भी आराम से नहीं बैठ सकते, वे कुर्सी पर बैठ जायें।

(1) छाती के दायें और बायें बगलों के नीचे हथेलियों से दबाव बनायें। रेचक करें जिससे कि पेट थोड़ा अन्दर धँस जाये। पेट यथासम्भव अन्दर ही धँसा रहे और छाती का क्षेत्र विस्तृत हो जाये। **भ्रूमध्य में दृष्टि रखकर मन ही मन छाती के पिछले हिस्से (पीठ) में अपनी चेतना फैलाएँ।** अब पूरक रेचक की निरन्तर क्रिया शुरू करें। पूरक करते हुए छाती को दायें-बायें हथेलियों के दबाव के विरुद्ध इतना फैलायें कि छाती आगे ही नहीं, पीछे तक भी

सहज ही फैल जाये। यहाँ तक कि पेट और छाती का सन्धिस्थान भी थोड़ा फूलना शुरू हो जाये। रेचक करते हुए छाती को सब ओर से अन्दर की ओर सिकोड़ें। हथेलियों के दबाव को और भी ज्यादा बढ़ने दें। थोड़ा-थोड़ा पेट और छाती का सामने का सन्धिस्थान भी अन्दर को धँसे। पूरक-रेचक करते समय नाक व कण्ठ से श्वास की आवाज़ भी आये। शुरू में छाती और पेट की यह सारी स्थिति न भी बने तो कोई चिन्ता नहीं। किन्तु ऐसी धारणा बनाते हुए श्वास क्रिया करते जायें।

बीस बार रेचक, पूरक करने के बाद इक्कीसवीं बार यथासम्भव कुम्भक करें। यह एक क्रिया हुई। इसे भी तीन बार करें। श्वास की लम्बाई अपनी सामर्थ्यानुसार रहे। अगली क्रिया के लिए तैयार हो जायें।

(2) अब दोनों हाथ एक के ऊपर एक रखते हुए नाभि पर टिका लें। कुहनियाँ बगल में लगी रहें तथा पेट पर पूरा दबाव बना रहे। रेचक करें जिससे पेट पिचके और छाती विस्तृत हो जाये। यथासम्भव यह स्थिति बनाये रखें। इसी स्थिति में भ्रूमध्य में ध्यान रखते हुए पूरक रेचक की क्रिया एक निरन्तरता में करनी है। पूरक करते हुए हाथों के दबाव के विरुद्ध शरीर को इतना फैलायें कि थोड़ा-थोड़ा तो पेट भी अपने आप ही कसी हुई अवस्था में भी फैल जाये। रेचक करते हुए हाथों का दबाव और ज्यादा बढ़ाते जायें और पेट सभी ओर से सिकुड़ता जाये। पूरक-रेचक की यह क्रिया एक निरन्तरता में बीस बार करें। इक्कीसवीं बार लम्बा पूरक करते हुए यथासम्भव कुम्भक करें। धीरे-धीरे रेचक कर दें। यह सारी एक क्रिया हुई, इसे भी तीन बार करें। अगली क्रिया के लिए तैयार हो जायें।

यदि हाथों की यह स्थिति सहज न हो तो दोनों हाथ बगल में इस प्रकार रख लें कि अँगूठा पीछे पीठ की ओर चला जाये और बाकी की अँगुलियाँ सामने नाभि की ओर हों। शेष प्रक्रिया पूर्ववत् ही होगी।

(3) दोनों हाथ ऊपर से ले जाकर पीछे कन्धों पर टिका लें, कुहनियाँ आकाश की ओर उठी हुई तथा कान से सटी हुई हों। अब गर्दन को जितना अधिक पीछे ले जा सकते हैं, ले जायें। पूरक करते हुए गर्दन को आगे की ओर लायें तथा रेचक करते हुए वापस पीछे ले जायें। एक निरन्तरता में यह क्रिया बीस बार करें, इक्कीसवीं बार लम्बा पूरक करते हुए यथासम्भव कुम्भक करें। अब बिना आवाज किये धीरे-धीरे रेचक कर दें। यह क्रिया भी अधिकाधिक तीन बार दोहरायी जा सकती है।

विशेष वक्तव्य

अब आपका सारा शरीर दायें-बायें और ऊपर-नीचे प्राण-ऊर्जा से पूरा भरा है। शरीर की ऐसी स्थिति में आपकी चेतना स्थूल से सूक्ष्म में प्रवेश प्राप्त करने का दरवाजा खोल सकती है अर्थात् अब प्राणायाम की साधना के लिए सक्षम है। प्राणायाम का अर्थ है प्राणशक्ति का विस्तार। **यह तभी सम्भव है जब प्राणों की धारा सुषुम्ना में से होकर मस्तकस्थ ब्रह्मग्रन्थि की ओर गमन**

करने लग पड़े। इस हेतु आवश्यक है कि पहले इड़ा (बायें नासा छिद्र में से बहती श्वास धारा) तथा पिंगला (दायें नासा छिद्र में से बहती श्वास धारा) धाराएँ परस्पर मिलकर एक हो जायें। इसके लिए एक क्रम से इड़ा और पिंगला में पूर्ण वेग से श्वास शक्ति को प्रवाहित करना होगा, जिससे कि दायें नासा छिद्र से श्वास भरते समय शरीर के दायें अंग तथा दायीं ओर स्थित इन्द्रिय छिद्र अपनी चरम सीमा तक प्राण-शक्ति से भर जायें तथा बायें नासा छिद्र से श्वास भरते हुए शरीर के सभी बायें अंग तथा बायीं ओर स्थित सभी इन्द्रिय छिद्र में प्राणशक्ति भरपूर हो जाये। ऐसी अवस्था में इड़ा तथा पिंगला का सहज मिलन प्रारम्भ हो जायेगा। प्राणशक्ति सुषुम्ना में जाने का रास्ता खोल देगी। सुषुम्ना को प्राणशक्ति से भरपूर कर देने पर मूलाधार (रीढ़ की हड्डी का आधारस्थल) से प्राणशक्ति सहस्रार की ओर बरबस गमन करने लग पड़ती है। यही है भगवती शिवा कुण्डलिनी शक्ति का जागरण। इस शक्ति के जाग जाने से ही ज्ञान, भक्ति, योग, मन्त्र आदि सभी साधनाओं में सिद्धि प्राप्त होती है, अन्यथा नहीं। इसी की पूर्णावस्था है– जरा-मरण-व्याधि रहित मृत्युञ्जयी दिव्य स्थिति।

संजीवनी क्रिया के इस विज्ञान की धारणा मन में रखते हुए अब हम प्राणायाम की सच्ची तथा सरल साधना शुरू करते हैं।

इड़ा-पिंगला के मिलन की क्रिया

पद्मासन, सिद्धासन या वज्रासन में बैठें। यदि ऐसा सम्भव न हो तो सुखासन में भी बैठ सकते हैं। पेट, गर्दन तथा छाती एक सीध में हों। दृष्टि भ्रूमध्य में तथा ठोड़ी थोड़ी-सी आगे की ओर झुकी हुई हो। अशक्त पुरुष कुर्सी पर सीधे बैठकर भी यह साधना कर सकते हैं। अब आपको मृगी मुद्रा में बारी-बारी दायें तथा बायें नथुने से श्वास की क्रिया करनी है। ध्यान रहे जिस नासा छिद्र से पूरक करें, उससे विपरीत नासा छिद्र से रेचक करें तथा जिधर से रेचक करें उधर से ही पूरक करें।

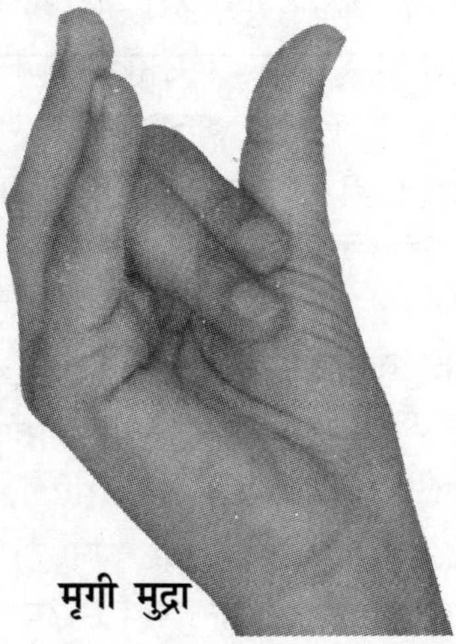

मृगी मुद्रा

पूर्व चित्रानुसार दायें हाथ की विशेष मुद्रा (मृगी मुद्रा) बनायें। अँगूठे के साथ वाली दोनों अँगुलियों को मिलाकर अँगूठे की जड़ की तरफ हल्का-सा दबाये रखें। आखिरी दोनों अँगुलियों को मिलाकर सीधा रखें। अँगूठे का हल्का दबाव दायें नासा छिद्र को बन्द करेगा तथा आखिरी दोनों अँगुलियों का दबाव बायें नासा छिद्र को बन्द करेगा।

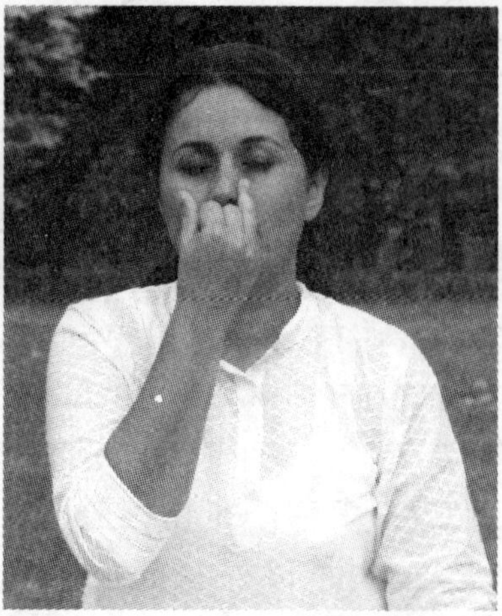

ध्यान रहे नाक पर दबाव कम से कम देना है। स्वर बदलने के लिए तो जरा-सा स्पर्श ही पर्याप्त रहेगा। इतना दबाव न दें कि नाक ही टेढ़ी हो जाये। जिस नासा छिद्र से श्वास पूरा चल रहा हो, उधर से पूरा रेचक करने के बाद क्रिया शुरू करें। यदि आपका दायाँ स्वर चल रहा है, तो आप दायीं ओर से शुरू कर लें। पूरक रेचक करने में नाक से श्वास की तनिक भी आवाज़ अब नहीं आनी चाहिए। जैसे-जैसे इस क्रिया में अन्तर्मुखता आयेगी गले में से बारीक, मीठी सुरीली बाँसुरी की सी आवाज़ आ सकती है। इसे अवश्य चलने दें। पूरक और रेचक का समय बराबर रहे। दायें से पूरक करें, बायें से रेचक करें। बायें से पूरक करें, दायें से रेचक करें। इसे कम से कम पाँच बार करें।

अब छठवीं बार दायें से पूरक करने के बाद यथासम्भव कुम्भक करें। यह एक क्रिया हुई। अब दूसरी क्रिया में ध्यान रहे कि बायें स्वर से रेचक दो बार में रुक-रुक कर करना है। तदुपरान्त बायें से पूरक भी रुक-रुक कर दो बार करें और पुनः दायें से रेचक रुक-रुक कर दो बार करें। सारा विधान

पहली क्रिया की भाँति ही होगा, किन्तु अब रुक-रुक कर दो बार में पूरक या रेचक करना है अर्थात् एक ही श्वास को दो बार में भरना या छोड़ना है। पूर्ववत् कुम्भक के अनन्तर तीसरी क्रिया में रुक-रुक कर तीन बार में पूरक तथा रेचक करना है।

धीरे-धीरे आप श्वास भरने में रुकने की संख्या तो 3-4-5 करते हुए दस तक या और भी अधिक अपने समय तथा सामर्थ्यानुसार बढ़ा सकते हैं किन्तु **संजीवनी क्रिया का यह प्रथम चरण है।** अत: अभी के लिए तीन बार रुक-रुक कर ही अधिकतम श्वास को गति देनी है, क्योंकि प्राणायाम में जल्दबाजी हानिकारक हो सकती है। **इस सारी क्रिया में मूलबन्ध लगा रहना चाहिए। जितनी अधिक देर तक आप मूलबन्ध लगा रख सकते हैं, उतनी देर से अधिक कुम्भक करने की कोशिश न करें।**

ध्यान मण्डल में प्रवेश

संजीवनी क्रिया का यह अन्तिम अंग है। एक के ऊपर दूसरा हाथ रखते हुए अपनी गोद का आसरा लेकर हथेली से नाभि का स्पर्श बनाये रखें। गर्दन से निचला शरीर बिल्कुल निस्पन्द शव की तरह हो। गर्दन पीछे की ओर झुकी हुई, किन्तु तनाव बिल्कुल नहीं। आँखें ऊपर को चढ़ी हुईं और सहज बन्द। गर्दन को अर्द्धचक्राकार में घूमने दें। जैसे किसी मुर्दे की गर्दन हो, ऐसे ही बिना रुके, बिना किसी भी झटके के दायें-बायें गर्दन घूमती जाये।

श्वास हल्के-हल्के, छोटे-छोटे जैसे कि श्वास आप ले ही नहीं रहे। आपकी सारी चेतना मस्तक के ही अन्दर लीन होती जाये। बीच-बीच में श्वास भी रुकता-सा जाये। ध्यान रहे, अब आप जैसी धारणा करेंगे वैसी ही श्वास की गति बनती जायेगी। आपको पता भी न चले कि कब मस्तक का हिलना ठहर गया, किन्तु अन्दर ही अन्दर सारा मस्तक प्राण ऊर्जा से लबालब भरा तीव्र वेग, नाद पैदा कर रहा है। नीचे से लेकर ऊपर तक सारा शरीर भी अन्दर ही अन्दर प्राण के अति सूक्ष्म कम्पनों से भरता जा रहा है। मस्ती और शक्ति से भरपूर ऐसी स्थिति में जब तक आप ठहरना चाहें ठहरे रहें।

अन्त में धरती पर शवासन में लेट जायें। योग निद्रा की स्थिति में प्रवेश कर जायें। योग निद्रा की स्थिति अधिक से अधिक दस मिनट की होनी चाहिए। पहले चरण में इससे अधिक समय के अभ्यास का अर्थ यह हो सकता है कि आप योग निद्रा नहीं बल्कि नींद का अभ्यास कर रहे हैं।

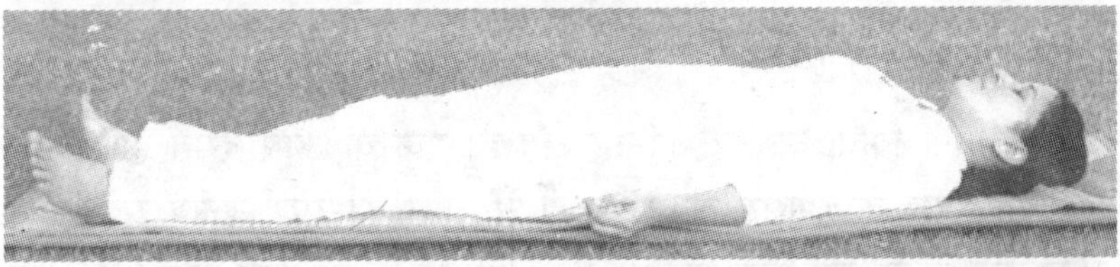

सबसे अन्त में सर्व मंगल की प्रार्थना के साथ समापन करें। इस सम्पूर्ण क्रिया में लगभग 30 मिनट लगते हैं। इसमें से जो क्रिया आपकी प्रकृति के अनुकूल प्रतीत हो, उसमें आप अधिक देर तक रुक सकते हैं। यदि आपके पास समय और सुविधा है, तो आप समय बढ़ाकर 45 मिनट तक या उससे भी अधिक तक ले जा सकते हैं।

घबरायें नहीं - यदि यह क्रिया करते समय आपको चक्कर आ जाये, हाथ-पैर आदि किसी अंग मे ऐंठन-सी आ जाये, श्वास अपने आप तेजी से चल पड़े। ये सभी लक्षण इस बात की सूचना देते हैं कि श्वास की धारा शरीर के अन्दर जाने का रास्ता बनाने के लिए सुप्त और जड़ ग्रन्थियों को झकझोर रही है। ऐसी अवस्था में क्रिया बन्द करके केवल श्वास के आने जाने की गति को मन ही मन देखते रहें। शरीर धीरे-धीरे अपने आप शान्त होते हुए पहले से भी हल्का हो जायेगा। साधना मार्ग में सर्वाधिक महत्त्व मार्गदर्शन का ही है। अतः यदि कहीं भी कोई कठिनाई लगती है, तो यही उचित होगा कि घबराने या साधना से पीछे हट जाने की बजाये साधना विशेष के किसी अनुभवी अभ्यासी साधक का परामर्श ले लिया जाये।

प्रथम चरण की पूर्णता

यह समग्र विवरण संजीवनी क्रिया का प्रथम चरण है। इसे दिन में पाँच बार करना है, किन्तु किस प्रकार? सुबह तो यह पूरा क्रम करना है। बाकी दिन में चार बार बैठकर करने वाली पहली क्रिया (छाती में श्वास भरने वाली) को ही केवल 5-7 बार करना है। अथवा जब भी आप थके हुए हैं, परेशान हैं, तनावग्रस्त हैं, यह क्रिया कर सकते हैं। बस या रेलगाड़ी में सफर करते हुए, अध्ययन करते हुए, जप करते हुए या फिर सोने से पहले, जगते ही, भाव यह कि इसे आप कभी भी कर सकते हैं। कोशिश करें कि दिन में चार बार तो कम से कम करना ही है।

प्रथम चरण का लक्ष्य है साधक के शरीर की जड़ता को दूर करके रोम-रोम में प्राणशक्ति का संचार करना। अतः इन समस्त क्रियाओं को करते हुए अच्छा होगा कि आँखों को बन्द रखकर अपने शरीर को देखते जायें और जिस भी अंग में गति कर रहे हैं, वहाँ प्राण ऊर्जा के प्रसार की धारणा भी करते जायें। श्वास का एक सिद्धान्त सदा ही याद रखें, नासिका को केन्द्र बनाकर हम छाती के भीतर अपने फेफड़ों में श्वास भरते हैं जो कि गुब्बारों की तरह होते हैं। जिस प्रकार वायु भरने से गुब्बारे फ़ूलते जाते हैं। ठीक उसी प्रकार फेफड़ों के साथ भी होता है। अतः हम जब भी श्वास लें, तो यह अवश्य सुनिश्चित कर लें कि हमारी छाती और पूरा शरीर फूलता और फैलता जाये। इसके लिए यह भी अत्यन्त आवश्यक है कि हमारी पीठ कसी हुई न हो लेकिन बिल्कुल सीधी हो। क्योंकि यदि पीठ झुकती है, तो छाती स्वाभाविक ही सिकुड़ जाती है। प्रायः समस्त स्थूल एवं सूक्ष्म नाड़ियाँ पीठ के केन्द्र (मेरुदण्ड) में से होकर पूरे शरीर में फैलती हैं। पीठ के झुकने से अथवा कसने से एक और हानि यह होती है कि प्राणऊर्जा का प्रसार पूरे शरीर में भली-भाँति नहीं हो पाता।

संजीवनी क्रिया के इस प्रथम चरण में खड़े होकर, लेट कर और बैठ कर की जाने वाली क्रियाओं के संयोजन में इस बात का विशेष ध्यान रखा गया है कि शरीर के सभी जोड़ों तथा नाड़ियों में प्राण ऊर्जा का प्रसार हो। जिस प्रकार जल के तीव्र वेग में कोई भी मल टिक नहीं पाता, उसी प्रकार प्राण के वेग में शरीर में जमा मल तथा रोगों के अणु भी टिक नहीं पाते। शरीर अधिक ऊर्जावान तथा स्वस्थ होने लगता है। शरीर की लचक और शक्ति में वृद्धि होती है। चर्बी पिघलने लगती है और शरीर हल्का होना शुरू हो जाता है। विधिवत् अभ्यास से प्राणऊर्जा समस्त इन्द्रिय छिद्रों में पूरी तरह

से भरकर भीतर सुषुम्ना की ओर गति करने लगती है। सुषुम्ना जो कि हमारे शरीर में मेरुदण्ड के मध्य में स्थित है, पिण्ड और ब्रह्माण्ड को जोड़ने वाला पथ है। जैसे-जैसे चेतना सुषुम्ना में प्रवेश करती है, अतीन्द्रिय अनुभवों के राज्य में प्रवेश प्राप्त होता है और साधक की इन्द्रियाँ सहज ही अन्तर्मुख होने लगती हैं। प्राण धाराओं के अन्तर्मुखी वेग से शक्ति जागरणपूर्वक चक्रों के भेदन से दिव्य नाद, प्रकाश आदि का जागरण होता है तथा सहज प्राणायाम अर्थात् कुम्भक का प्रारम्भ होता है।

अग्रिम चरणों में प्रवेश

इस साधना के तीन चरण और हैं, जिनमें उत्तरोत्तर अनेक सूक्ष्म क्रियाओं का समावेश होता जाता है। पहले चरण का नियमित अभ्यास प्रायः छः महीने तक करना है, तभी दूसरे चरण में प्रवेश मिल सकेगा। वस्तुतः चरण की पूर्णता में कसौटी मात्र समय की नहीं है वरन् आपके शरीर और मन की अवस्था ही साधना में आपकी प्रगति का निर्णय करेगी।

यदि नियमित अभ्यास के उपरान्त भी छः मास में हमारे शरीर में हल्कापन, स्फूर्ति, रोग निवृत्ति आदि लक्षणों का प्राकट्य नहीं होता, तो निश्चित ही हमारे अभ्यास में कहीं न कहीं कुछ कमी है। स्मरण रहे, यद्यपि इस क्रिया में शारीरिक गतियों का संयोग अवश्य है तथापि मुख्य रूप से यह प्राणक्रिया ही है। प्राण और मन परस्पर घुले-मिले हैं। अतः जब तक मन विषयों की दौड़ छोड़कर अन्तर्मुख नहीं होता, तब तक प्राण भी सहजता से अन्तर्मुखी गति नहीं कर सकेंगे। अतः हम अग्रिम चरणों में प्रवेश के लिए मानसिक शुद्धि हेतु सत्संग, सेवा, स्वाध्याय आदि का सहारा ले सकते हैं और इन्द्रियों की शुद्धता के लिए संयम के साथ-साथ आँख, नाक, कान, मुख आदि इन्द्रिय छिद्रों की विशेष सूक्ष्म क्रियाएँ (जिनका वर्णन आगे दिया है) भी कर सकते हैं। इन क्रियाओं के द्वारा भी इन्द्रिय छिद्रों से चेतना अन्दर जानी शुरू हो जायेगी और हम अग्रिम चरणों में प्रवेश हेतु तैयार होते जायेंगे।

पहले चरण की क्रियाओं के अभ्यास द्वारा रेचक और पूरक के मध्य का अन्तराल कम होने से श्वास एक चक्राकार गति में चलने लग जाता है। निरन्तर अभ्यास से श्वास भरते समय छाती ही नहीं, पेट और पूरा शरीर फैलता-सा है, जिससे प्राणों की गति नख से शिख तक सहज ही होती है और श्वास छोड़ते समय चेतना स्वाभाविक ही मस्तक में प्रवेश करने लगती है। इस प्रकार यौगिक श्वास की शुरुआत होती है। इस अवस्था को स्थिर

बनाने के लिए अब हम संजीवनी क्रिया के विभिन्न अंगों को परस्पर मिलाकर भी अभ्यास कर सकते हैं। जैसे खड़े होकर की जाने वाली क्रियाओं में जब हम छाती को फैलाने की क्रिया करते हैं, तो हाथों को फैलाते समय छाती ही नहीं पेट भी फैले। इसी प्रकार हाथों को ऊर्ध्व गति देते समय नीचे मूलाधार तक श्वास के कम्पन प्रविष्ट हो जायें। पीछे झुक कर की जाने वाली क्रिया में भी श्वास भरते समय छाती और पेट को भी फैलाते जायें अर्थात् श्वास पीछे-आगे सर्वत्र प्राण वायु का संचार करे।

अगले अंग में लेट कर की जाने वाली क्रियाओं में गर्दन और पैरों की गति को परस्पर सम्मिलित किया जा सकता है। इसी प्रकार बैठ कर की जाने वाली सभी क्रियाओं में छाती, पेट और पीठ इन सभी अंगों का पूरा-पूरा योगदान हो। अर्थात् श्वास भरते समय इन सभी में प्राणवायु का संचार हो। अभ्यास के द्वारा हमारा श्वास नाक की नोक से लेकर मस्तक और नीचे पैरों तक प्राणवायु के कम्पन भरना प्रारम्भ कर देगा। यही पूर्ण यौगिक श्वास है, जब हमारा सहज श्वास भी प्राणों में अन्तर्मुखी वेग भरने का साधन बन जायेगा। इस अवस्था में प्राणायाम करते समय भी यह ध्यान रखा जाये कि रुक-रुक कर श्वास भरते समय श्वासों का वेग पूरा हो तथा पूर्व निर्धारित तीन बार की सीमा पर ही न रुका जाये। अन्तर्प्रेरणा तथा सामर्थ्य के अनुसार श्वास को जितना चाहें लम्बा कर सकते हैं। इतना अवश्य ध्यान रहे कि रेचक और पूरक का अनुपात बना रहे। उत्तरोत्तर बाह्य कुम्भक पर अधिक ध्यान दे सकते हैं क्योंकि जितना अधिक हम श्वास को बाहर रोक सकेंगे, उतना ही अधिक वेग से और गहराई तक श्वास भीतर को गति करेगा।

विशेष सूचना

संजीवनी क्रिया, प्रकाशपूर्ण मृत्युञ्जयी सिद्धामृत सूर्य क्रिया योग का एक महत्वपूर्ण अंग है। जिस प्रकार हिमालय से गंगा और यमुना की दो धाराएँ निकलती हैं और समुद्र से मिलने के लिए आगे बढ़ती हैं। दोनों धाराएँ प्रारम्भ में भिन्न-भिन्न होने पर भी प्रयाग में इनका संगम हो जाता है। इससे आगे यह धारा अत्यन्त बलशाली बनकर गंगा नाम से ही अभिहित होती हुई समुद्र में मिलने का पथ तय करती है। इस प्रकार गंगा धारा है– **'सिद्धामृत सूर्य क्रिया योग'** और यमुना धारा है– **'संजीवनी क्रिया'**। सप्त चरणीय सूर्य क्रिया योग के चौथे चरण तक इनका अभ्यास अलग-अलग भी किया जा सकता है, किन्तु पाँचवे चरण में संजीवनी क्रिया का सहज ही सिद्धामृत सूर्य

क्रिया योग में अन्तर्भाव हो जाता है। तब साधक अपनी पूर्ण समग्रता में मृत्युञ्जयी पथ पर गति लाभ करता है। (सिद्धामृत सूर्य क्रिया योग का पूर्ण विवरण प्राप्त करने के लिए **शब्द सुरति संगम आश्रम** से सम्पर्क करें।)

सावधान रहें

क्रिया योग की विशेषता है कि आप इस साधना पद्धति में कभी ठगे नहीं जायेंगे। आप तो मात्र सही क्रिया सीख लें। योग्य प्रशिक्षक का संरक्षण मिले, तब तो आप कुछ दिनों में ही यह क्रिया सीख सकते हैं। दो और दो चार की तरह सही क्रिया करने पर परिणामों का मिलना अवश्यम्भावी है। श्रद्धा का पुट भी साथ में हो, तो सोने पर सुहागे वाली बात है। अन्यथा कुण्डलिनी योग के नाम पर, वेदान्त चिन्तन के नाम पर, अक्रिय धारणाओं के नाम पर, विभिन्न प्रकार की समाधियों के नाम पर, मनोकल्पित नादों के नाम पर ठगे जाने की पूरी सम्भावना है।

ठगने वाले वे लोग है, जो चालाक तथा तीव्र बुद्धि वाले है या वे लोग हैं जो स्वयं ही ठगे गये हैं, विभिन्न साधना सिद्धियों के नाम पर।

ठगे जाने वाले वे लोग भी हैं, जिन्हें शास्त्र के गूढ़ रहस्यों का ज्ञान नहीं है। जो आसान और मन को मेल खाने वाले तरीकों से ही सिद्धि प्राप्त करना चाहते हैं और जो हर प्रकार से विषयासक्त रहते हुए भी परमात्मा को प्राप्त करना चाहते हैं।

सावधान रहें, ठगने वाला एक भी काफी है, लाखों की भीड़ को ठगने के लिए। जिसकी अपनी कुण्डलिनी नहीं जगी, वह लाखों की कुण्डलिनी जगा देगा? जिसकी अपनी समाधि नहीं लगी, वह लाखों की समाधि लगा देगा? कैसा आश्चर्य?

वस्तुतः प्रत्येक प्राणी परमात्मप्राप्ति के पथ का ही पथिक है किन्तु उसे जिज्ञासु भी बनना होगा। निरन्तर खोज करते रहना होगा। आगे बढ़ते रहना होगा। शरीररूपी पिण्ड के अन्दर गहरे गोता मारने के लिए श्रद्धा ही नहीं, जिज्ञासा के पंख भी लगाने होंगे। पूर्व मनोकल्पित धारणाओं को जिज्ञासा के हथौड़े से युक्ति-विचार की चोटों पर कसना होगा।

निमन्त्रण है ऐसे सभी गम्भीर जिज्ञासुओं को प्रत्येक कसौटी पर कसे जा सकने वाले क्रिया योग विज्ञान में।

◈◈◈

(भाग–2)

सहयोगी
सूक्ष्मेन्द्रिय क्रियाएँ

भद्रं कर्णेभिः शृणुयां देवाः भद्रं पश्येमाक्षभिर्यजत्राः।
स्थिरैरङ्गैस्तुष्टुवांसस्तनूभिर्व्यशेम देवहितं यदायुः॥

सूक्ष्मेन्द्रियों का महत्त्व

4

लघु न दीजिए डारि

मानव शरीर एक बड़ी ही अद्भुत कारीगरी है। माता के रज-बिन्दु और पिता के वीर्य-बिन्दु से प्रारम्भ होकर एक अत्यन्त जटिल किन्तु सुव्यवस्थित शरीर तन्त्र का निर्माण होता है। इस शरीर के स्थूल, सूक्ष्म, कारण अनेक स्तर हैं तथा अन्नमय, प्राणमय, मनोमय, विज्ञानमय, आनन्दमय अनेक परतें अथवा आवरण हैं। यह सभी आपस में पूरी तरह घुले-मिले हैं। स्थूल आहार का आश्रय लेकर प्राणऊर्जा पूरे शरीर में गति करते हुए उसका पोषण करती है। यहाँ आहार का तात्पर्य मात्र अन्न-जल से नहीं है वरन् जगत् में शब्द, स्पर्श, रूप, रस और गन्ध ये पाँच पदार्थ हैं, जिनका प्राणी विभिन्न इन्द्रियों के माध्यम से आहार करते हैं अर्थात् उनका भक्षण करते हैं। मुख्यतः आहार ग्रहण के द्वारा प्राणऊर्जा गतिशील होती है, अतः आहार की शुद्धता परमावश्यक है। शुद्ध आहार से प्राणशक्ति का अन्तर्मुखी वेग बढ़ता है, जिससे शरीर स्वस्थ, मन प्रसन्न तथा अन्तरात्मा सन्तुष्ट होती है। दूषित आहार का परिणाम इसके सर्वथा विपरीत होता है। इतना ही नहीं, दूषित आहार के निरन्तर सेवन से इन्द्रियाँ और उनके द्वार भी शक्तिहीन हो जाते हैं तथा मस्तिष्क में भी जड़ता उत्पन्न होने लगती है। यही तो बुढ़ापे के लक्षण हैं। यह सर्वविदित है कि वार्द्धक्य के साथ नेत्रों की ज्योति, श्रवण-घ्राण-आस्वादन की सूक्ष्मता, स्मरण तथा निर्णय की क्षमता आदि घटने लगते हैं।

यह शरीर तो एक घड़े की भाँति है, जिसमें नेत्र, कर्ण, गुदा, उपस्थ आदि नौ छिद्र हैं। इन सभी छिद्रों से प्राणी की शक्तिचेतना बाहर-भीतर गति करती रहती है। अपने-अपने स्वभाव और चेतना के स्तर के अनुसार किसी

प्राणी में किसी एक छिद्र से प्राणशक्ति का बहिर्गमन अथवा अन्तर्गमन विशेष होगा तो अन्य में दूसरे छिद्रों से। इन सभी का केन्द्र वस्तुतः सुषुम्ना के अग्निपथ में है। जब किसी भी छिद्र से प्राणों की अन्तर्मुखी गति में कमी आने लगती है, तो उसका सम्बन्ध सुषुम्ना से टूटने लगता है और उस छिद्र की सामर्थ्य एवं शक्ति भी कम होती जाती है। यही कारण है कि अष्टांग योग का प्रारम्भ ही यम-नियम से होता है, जिनका लक्ष्य है तन-मन की शुद्धता तथा प्राणों की अन्तर्मुखता। इस लक्ष्य की स्पष्टता तो यद्यपि प्रत्याहार के रूप में ही होती है, जब आसन-प्राणायाम के योग से उनका उचित आधार तैयार हो जाता है। अतः एक प्रकार से आसन-प्राणायाम का लक्ष्य शारीरिक-सौष्ठव अथवा रोग-मुक्ति नहीं है (जैसा कि सामान्यतः प्रचारित किया जाता है) वरन् इसका स्पष्ट लक्ष्य है– इन्द्रिय छिद्रों से प्राणधारा को उलटा कर सुषुम्ना की शक्तिधारा में प्रवेश करवाना और मूलाधार में सुप्तप्राय परमेश्वरी शक्ति को जगाना।

इस परिप्रेक्ष्य में यह सहज ही स्पष्ट हो जाता है कि सूक्ष्म इन्द्रियों यथा नेत्र, कर्ण, जिह्वा आदि की क्रियाएँ आसन-प्राणायाम से कम महत्त्वपूर्ण नहीं हैं। सत्य तो यह है कि यदि कभी आसनादि करने का समय न भी मिले, तो भी यह सूक्ष्म क्रियाएँ तो नियमित ही करनी चाहिए, क्योंकि यद्यपि नेत्र, कर्ण, जिह्वा आदि इन्द्रियाँ सूक्ष्म हैं तथापि जीवन में सर्वाधिक महत्त्व इनका ही है। इनके द्वारा ही हम बाह्य जगत् से सम्पर्क जोड़ पाते हैं और सच तो यह है कि शरीर के भीतर चेतना को ले जाने के लिए भी यह उतने ही महत्त्वपूर्ण हैं। याद रखें, रहीमदास जी ने क्या ही उत्तम कहा है:-

रहिमन देख बड़ेन को लघु न दीजिए डारि।
जहाँ काम आवै सुई कहा करै तलवारि॥

पिण्ड और ब्रह्माण्ड की कड़ी

विशाल वृक्ष को अपने आप में समेटे एक नन्हें बीज की तरह समस्त ब्रह्माण्ड के सार को अपने आप में समेट कर पुनः अपने आपके रूप में ब्रह्माण्ड भर में अभिव्यक्त होने की शक्ति रखने वाला यह स्थूल शरीर निस्सन्देह एक ऐसा अद्‌भुत और रहस्यपूर्ण योग यन्त्र है, जिसके माध्यम से इसमें रहने वाला जीव समग्र ब्रह्माण्ड ही नहीं, ब्रह्माण्ड के सार और आधार परमेश्वर से भी सीधा सम्बन्ध जोड़ सकता है।

शरीरस्थ नौ इन्द्रिय छिद्रों के द्वारा इसमें रहने वाला जीव समग्र विश्व के साथ लेन-देन का कारोबार करता रहता है। अन्न, जल, वायु, शब्द, स्पर्श, रूप, रस, गन्ध इन सबको यह शरीर इन छिद्रों के माध्यम से ग्रहण करता रहता है। उनको रूपान्तरित करता है और बचा-खुचा स्वाभाविक ही बाहर निकाल देता है। इस बचे-खुचे का सदुपयोग विभिन्न स्तरों पर अन्यान्य जीवों के द्वारा होता है। विशेष रूपान्तरित तत्त्व मन, वाणी और प्राण का भी सूक्ष्म तरंगों के रूप में सारे विश्व में लेन-देन चलता रहता है। अतः इन इन्द्रिय छिद्रों तथा इन्हें शक्ति देने वाले मन-प्राण को स्वस्थ रखना अत्यावश्यक है।

एक सूक्ष्म रहस्य

वस्तुतः स्वास्थ्य का अर्थ आरोग्य मात्र नहीं है वरन् इससे भी बढ़कर शक्ति, स्फूर्ति, सौम्यता से सम्पन्न तन तथा आत्मविश्वास, दृढ़ संकल्प एवं सकारात्मक सोच से सम्पन्न स्थिर मन ही स्वास्थ्य के सूचक हैं। यह सब तभी सम्भव है, जब निज भीतर बैठी परमेश्वरी शक्ति के साथ मेल होता है अर्थात् 'स्व' में स्थिति होती है। इसके लिए हमें उस परमेश्वर की ही शरण लेनी होगी। उपनिषदों के ऋषियों ने क्या ही सुन्दर प्रार्थना की है:-

भद्रं कर्णेभिः शृणुयां देवाः भद्रं पश्येमाक्षभिर्यजत्राः।
स्थिरैरङ्गैस्तुष्टुवाꣳसस्तनूभिर्व्यशेम देवहितं यदायुः॥

ऋषिगण हमें स्वास्थ्य की सच्ची परिभाषा सिखाते हुए कहते हैं- 'हमारे कान सदा कल्याणकारी वचनों को ही ग्रहण करें; सत्पथ से भ्रष्ट करने वाले, राग-द्वेष सदृश दोष पैदा करने वाले, अज्ञान रूपी आवरण की वृद्धि करने वाले वचन हमारे कान ग्रहण न कर सकें। हमारे नेत्र भी सदा कल्याणकारी दृश्यों का ही अवलोकन करें; मन को विचलित करने वाले, वासना एवं अधर्म में प्रेरित करने वाले, भीतर से सम्बन्ध तोड़ने वाले दृश्यों को यह नेत्र ग्रहण न कर सकें। इसी प्रकार अन्य इन्द्रियों के लिए भी समझ लेना है। आगे कहते हैं 'यजत्राः' अर्थात् भगवान् का यजन-आराधन करते हुए ही हम जीवन यापन करें न कि विषय-लोलुपता और मोह के वशीभूत होकर। प्राणशक्ति से सम्पन्न स्थिर और सुदृढ़ अंगों से (न कि भय-लोभ के वशीभूत काँपते हुए अंगों से) और ऐसे स्वस्थ शरीरों से भगवान् की स्तुति करते हुए हमलोग जो आयु परमात्मदेव के लिए अर्थात् परमार्थ के लिए काम आ सके (न कि स्वार्थ और व्यक्तिगत सुख हेतु) उसका उपभोग करें।'

वस्तुतः इस प्रार्थना में सम्पूर्ण अष्टांग योग का सार समाहित है, किन्तु समस्या यह है कि हम अपने कर्णों और नेत्रों को वश में कैसे करें। जहाँ तक रसना इन्द्रिय की बात है, उसको यह सहज विवेक प्राप्त है। एक छोटा-सा बालक भी कोई पदार्थ खाद्य है या अखाद्य, दाँत गड़ाकर या जीभ लगाकर झट से इसका पता लगा लेता है। इसी प्रकार घ्राणेन्द्रिय को भी दुर्गन्धमयी वस्तु निकट आते ही अकुलाहट होने लगती है। सुगन्ध ग्रहण करने के लिए नासिका स्वाभाविक ही फैलने लगती है। (जो तमोगुणी व्यक्ति नशे आदि के लिए स्वाद और सुगन्ध को भी भूल जाते हैं, उनकी यहाँ बात नहीं कर रहे।) जबकि नेत्र तथा कर्णेन्द्रिय में ऐसा कोई फिल्टर नहीं लगा। वह तो परनिन्दा और छिद्रान्वेषण में ही रस लेते हैं, भले ही इससे उनका अहित हो।

इसका समाधान मानव शरीर की रचना में ही निहित है। वस्तुतः यह प्रार्थना इसी समाधान की ओर हमें प्रेरित करती है। प्रत्येक इन्द्रिय का एक देवता होता है और यह प्रार्थना उन देवों के प्रति ही की गयी है। 'यथा ब्रह्माण्डे तथा पिण्डे' के सिद्धान्तानुसार इस पिण्ड अर्थात् व्यष्टि शरीर का ब्रह्माण्ड अर्थात् समष्टि शरीर के साथ सीधा सम्बन्ध है। ये देवता ही इन दोनों का सम्बन्ध जोड़ने में सहायक होते हैं। यदि व्यष्टि और समष्टि का परस्पर सम्बन्ध जुड़ जाये, तो स्वाभाविक रूप से इन्द्रियाँ कल्याणकारी विषयों में ही प्रेरित होंगी। तभी हम पूर्ण स्वस्थ हो सकेंगे।

इसे और स्पष्ट करने के लिए समझ लें। जैसे व्यष्टि में नेत्र हैं, तो समष्टि में सूर्य हैं। व्यष्टि में रसना तो समष्टि में वरुण। घ्राण के रूप में अश्विनी कुमार, कर्णेन्द्रिय के समकक्ष दिग्देवता। सरल शब्दों में ब्रह्माण्ड में जिस शक्ति से सूर्य प्रकाशित होता है, उसी शक्ति से पिण्ड में नेत्र प्रकाशित होते हैं। इसी प्रकार अन्य देवताओं के लिए भी समझ लेना चाहिए।

हमारे शरीर के अन्दर अनेक ऐसे स्थान हैं, ग्रन्थियाँ हैं, चक्र हैं, जो पिण्ड तथा ब्रह्माण्ड के सन्धि स्थान हैं। जिनके द्वारा पिण्ड से ब्रह्माण्ड का सम्बन्ध जोड़ा जा सकता है। इन ग्रन्थियों का भेदन करने के लिए उस ग्रन्थि से सम्बन्धित देवता या शक्ति को पूर्णतया जागृत तथा क्रियाशील करना होगा। इसके द्वारा न केवल इन्द्रियाँ अनात्म विषयों से उपराम हो जाती हैं, बल्कि अतीन्द्रिय ज्ञान भी प्रकट होने लगता है। यही अध्यात्म का रहस्यवाद है।

प्रत्येक इन्द्रिय का समष्टि के स्थूल परिच्छिन्न स्तर के साथ सम्बन्ध तो इन्द्रिय के उस छिद्र के द्वारा होता है, जो स्थूल शरीर में प्रतिबिम्बित है, किन्तु

और अधिक व्यापक स्तर पर समष्टि के साथ सम्बन्ध, शरीर के अन्दर ही उस इन्द्रिय को उसके देवता की शक्ति से पूरित करके, उस इन्द्रिय की आध्यात्मिक सीमा का भेदन करने से होगा।

यदि स्थूल शरीर में प्रतिबिम्बित इन्द्रिय छिद्र पूरे क्रियाशील हैं, तो हम शारीरिक दृष्टि से स्वस्थ हैं, किन्तु यदि इन्द्रियों में देवता भी पूर्ण जागृत होकर ग्रन्थिभेदन पूर्वक समष्टि धारा के साथ सम्बन्ध जोड़ सकें, तो हम शारीरिक ही नहीं आध्यात्मिक दृष्टि से भी स्वस्थ हो जायेंगे। तब हम जो कुछ भी देखेंगे, सुनेंगे, बोलेंगे वह सब कल्याणकारी ही होगा और तभी हम ब्रह्मविद्या के अधिकारी बन सकेंगे।

यह अपने आप में एक विशद् विज्ञान है। इसके लिए अनेक गुह्य साधनाएँ हैं, किन्तु अभी इस सिद्धान्त को समझकर हम इन्द्रियों के शोधन तथा शक्तिवर्धन की ही कुछ क्रियाओं की चर्चा अगले पृष्ठों पर करेंगे। इन क्रियाओं के द्वारा शारीरिक स्वास्थ्य का लाभ तो होगा ही, भीतर का पथ भी खुलना प्रारम्भ हो जायेगा। तब विशेष मार्गदर्शन में योगाभ्यास द्वारा अन्तर्मुखी यात्रा और सहज हो जायेगी। ध्यान रहे, इन क्रियाओं का उद्देश्य कर्णादि इन्द्रियों का रोग दूर करना मात्र नहीं है वरन् उनमें प्राणशक्ति का संचार करना है ताकि उनमें रोग अथवा शक्तिहीनता की सम्भावनाएँ ही कम हो जायें। उस अवस्था में स्वाभाविक ही हमारी इन्द्रियाँ कल्याणकारी विषयों में ही प्रवृत्त होंगी। साथ ही जब इन्द्रिय छिद्रों से प्राणों की धारा अन्तर्मुखी होकर अपने स्रोत से जुड़ेगी, तो उनके रोग तथा विकार स्वाभाविक ही दूर होने लगेंगे।

यह क्रियाएँ संजीवनी क्रिया के अंग रूप में ही, उसके प्रारम्भ में की जा सकती हैं तथा स्वतन्त्र रूप से अपनी सुविधानुसार अलग से भी की जा सकती हैं। समय की उपलब्धता के अनुसार इन्हें अलग-अलग भी किया जा सकता है तथा व्यक्तिगत आवश्यकता के अनुसार इनकी आवृत्ति भी घटायी या बढ़ायी जा सकती है।

आवश्यक तैयारी

सारी क्रियाएँ प्रारम्भ करने से पूर्व गुरु तथा इष्ट की वन्दना करें। प्रयास हो कि पूरे समय आँखें बन्द ही रहें, क्योंकि जब आँखों को खोलते हैं, तो स्वाभाविक ही प्राणऊर्जा बहिर्गमन करती है और साथ ही मन भी बाहर को भागता है। आँखों को बन्द रखने से चेतना भीतर प्रवेश करने का मार्ग खोजती

है। ऐसे में विभिन्न शारीरिक गतिविधियों का स्पष्ट अनुभव होता है तथा प्राण प्रवाह की धारणा करनी भी सहज हो जाती है। प्रारम्भ में भीतर अन्धकार दिखने के कारण अधिक देर तक आँखें बन्द करके रखने में कठिनाई आ सकती है, किन्तु नियमित अभ्यास से नेत्रों के भीतर ज्योति और मस्तक में मधुर ध्वनियों का प्राकट्य हो जाता है और तब मन स्वतः ही भीतर खिंचा चला जाता है। यद्यपि यह क्रियाएँ खड़े होकर भी की जा सकती हैं, किन्तु बैठ कर किया गया अभ्यास अन्तर्मुखता में तो वृद्धि करेगा ही, साथ ही इससे बन्द आँखों में संतुलन बनाना भी आसान होगा।

प्रारम्भ में एक सुनिश्चित ताल युक्त भरे-पूरे 11 या 21 गहरे-गहरे श्वास लें। फिर 11 या 21 बार ॐ का उच्चारण करते हुए धारणा करें कि मस्तक से होती हुई ब्रह्माण्डीय ऊर्जा आपके सारे शरीर में प्रवाहित हो रही है। इस धारणा के साथ आप चाहें तो मन को एकाग्र करने के लिए कुछ देर तक गुरुपदिष्ट मन्त्र का भी जाप कर सकते हैं।

संजीवनी क्रिया की भांति ही अब दोनों बाँहों की कुहनियों को थोड़ा मोड़ते हुए हाथों को सिर से लगभग छः इंच ऊपर उठा कर टिका लें। हथेलियों का रुख सिर की ओर हो। अब दोनों कलाइयों को ढीला छोड़ते हुए, कलाइयों के केन्द्र से हथेलियों को जितना सम्भव हो तीव्र चाल से हिलायें। एक मिनट में 120 बार या उससे भी अधिक अपनी सामर्थ्यानुसार, लेकिन ध्यान रहे हाथों का स्पर्श सिर से न हो। ऐसे में आप अनुभव करेंगे कि आपके हाथों में सूक्ष्म कम्पन उठने शुरू हो गये हैं।

मन ही मन अपने हाथों को देखते हुए धीरे-धीरे दोनों हाथों से अपने मस्तक के मध्य, पीछे और आगे 5-7 बार थपथपायें। अनुभव करें कि हाथों के कम्पन मस्तक में प्रवेश करते जा रहे हैं।

दोनों हाथों से बारी-बारी गर्दन के पिछले और फिर अगले हिस्से को प्यार से 5-7 बार मलें। इसी प्रकार मस्तक के अगले हिस्से को मलें और फिर आँख, कान, मुख आदि सभी अंगों को धीरे-धीरे मलते हुए हाथों की विद्युत प्रदान करें।

अब आप सूक्ष्म क्रियाएँ करने के लिए सर्वथा तैयार हैं।

◈◈◈

नेत्रशुद्धि तथा शक्ति-साधना

5

क्या आपने कभी ध्यान दिया है कि जब तक नेत्र खुले हैं, पटलों में ताजगी है और उनमें प्राणशक्ति पूरी भरी है, तब तक आप केवल देख ही नहीं सकते बल्कि सुन भी सकते हैं, बोल भी सकते हैं, गन्ध-स्पर्श आदि का अनुभव कर सकते हैं, चलना-फिरना आदि सारी क्रियाएँ कर सकते हैं।

अन्ततः सारा दिन नेत्रों से काम लेते-लेते जब यह थक जाते हैं, जब नेत्र पटल अपने ही भार को सम्भाले रखने में असमर्थ हो जाते हैं और निढाल होकर नीचे लुढक जाते हैं। ऐसे में आँखें स्वतः बन्द हो जाती हैं और दिखायी देना भी बन्द हो जाता है। किन्तु इसके साथ ही साथ अन्य सभी इन्द्रिय छिद्रों से भी बाहर के शब्द, स्पर्श, गन्ध, रस विषयों का सम्बन्ध टूट जाता है।

मोटे तौर पर कह सकते हैं कि यदि नेत्र सहज स्वाभाविक रूप से खुले हैं, तब है जाग्रत अवस्था और यदि नेत्र स्वतः मुँद गये, तब आ जाती है बिन बुलाये निद्रा और यदि नेत्रों में प्रकाश के प्रति संवेदनशीलता समाप्त हो गयी तो मृत्यु। इतना ही नहीं, मृत्यु की अग्रिम सूचना देने में भी नेत्रों की महत्त्वपूर्ण भूमिका है। यदि प्रातः काल नींद खुलते ही दोनों आँखों के बाहरी सिरों पर हल्का-हल्का दबाव दें, तो भ्रूमध्य की ओर अर्द्धचन्द्राकार प्रकाश का अनुभव होता है। यदि यह न दिखायी दे, तो महापुरुषों के अनुभव अनुसार मृत्यु अति निकट है। यह लक्षण चाहे योगी हो चाहे भोगी, सभी में प्रकट होते हैं।

इन लक्षणों से सिद्ध होता है कि नेत्रों में प्राणशक्ति का अर्थ है कि पूरे शरीर में प्राणों का प्रवाह है। अर्थात् यदि नेत्र सही अर्थों में स्वस्थ हैं, तो ये सारे शरीर में शक्तिचेतना के प्रसारण का केन्द्र बन जाते हैं। प्राणशक्ति को पूरे शरीर में भरने के लिए इनका विशेष रूप से उपयोग किया जा सकता

है। वर्तमान टी.वी.-कम्प्यूटर संचालित सभ्यता में नेत्रों पर अतिरिक्त भार बढ़ गया है। अधिक भागदौड़ तथा प्रदूषण भी नेत्रों पर बुरा असर डालते हैं। इन सबसे अधिक क्रोध, खीज आदि के कारण भी नेत्रों पर ही अधिक तनाव पड़ता है। थकी-हारी आँखों को तनाव के कारण निद्रा में भी पूरा विश्राम नहीं मिल पाता। अतः नेत्रों की शुद्धि व शक्ति सम्पन्नता हेतु यह क्रियाएँ प्रत्येक प्राणी के लिए अत्यन्त महत्त्वपूर्ण हैं।

(क) नेत्र शोधन क्रियाएँ

1. ऊष्मीकरण (Palming or Cupping)

सर्वप्रथम दोनों हथेलियों को अपनी शक्ति के अनुसार आपस में लगभग एक मिनट तक रगड़ें। अब गर्मागर्म हथेलियों को गोल करते हुए प्याले का सा आकार बनाते हुए आँखों पर इस प्रकार रखें कि अँगुलियाँ मस्तक का स्पर्श करें। हथेलियों से ढके हुए ही अपनी आँखों को बार-बार खोलें और बन्द करें। अनुभव करें कि हथेलियों से निकल रही एक विद्युत धारा आँखों में भरती जा रही है, आँखें हल्की होती जा रही हैं। यह क्रिया आप दो-तीन बार भी कर सकते हैं।

ऊष्मीकरण की यह क्रिया प्रायः आँखों की सभी क्रियाओं के पहले तथा बाद में की जाती है। इससे क्रियाओं के द्वारा उत्पन्न आँखों का सारा कसाव और तनाव दूर हो जाता है तथा आँखों में अन्तर्मुखी वेग पैदा होता है।

2. नेत्र गोलकों की शुद्धि

इस क्रिया में दोनों हाथों की मुट्ठी बाँधकर तर्जनी (अँगूठे के साथ वाली पहली) अंगुली को इस तरह मोड़ें कि एक हुक का-सा आकार बन जाये। अब आँखों को बन्द करके अँगुली के सिरे को निचली पलक की हड्डी के अन्दर जितना सहज सम्भव हो डाल दें। धीरे-धीरे अंगुली के सिरे को वहीं रखकर 5-7 बार घुमायें। पहले सीधी ओर से फिर उलटे चक्कर में।

निचली पलक की हड्डी के अन्दर आँख के बाहरी कोने से अन्दर के कोने तक चार या पाँच बिन्दु बनायें। सभी पर इसी प्रकार गोल चक्राकार दबाव दें। जिस बिन्दु पर दर्द हो या जहाँ कोई गाँठ हो, वहाँ विशेष ध्यान दें। यह क्रिया दोनों आँखों पर दोनों हाथों की तर्जनी से साथ-साथ करनी है।

इसी प्रकार यह सारी क्रिया ऊपरी पलक की हड्डी के भीतर भी चार-पाँच बिन्दु बनाकर करें। यहाँ पर ऊपर की ओर तर्जनी से करना सम्भव नहीं होगा। अत: सुविधा के लिए अंगूठों से दबाव दे सकते हैं।

ध्यान रहे, यह सारी क्रिया आँखों को बन्द रखकर ही करनी है। दबाव भी उतना ही देना है, जितना आराम से सहा जा सकता हो। वस्तुत: दर्द वाले बिन्दुओं पर भी सही दबाव पड़ने से आराम की अनुभूति होगी। दबाते समय आँखों को कसना नहीं बल्कि ढीला ही रखना है। यदि साथ में गहरे श्वास एक लय में भरते-छोड़ते जायें तो और अधिक आराम मिलेगा। श्वास भरते

समय ऐसी धारणा करें कि श्वास मानों आँखों से ही भरा और छोड़ा जा रहा है। अन्त में हथेलियों को आपस में रगड़कर आँखों की गर्म-गर्म सिंकाई (palming) करने से आँखों का कसाव दूर होगा।

3. नेत्रों की मालिश

एक बार फिर हथेलियों को आपस में रगड़कर गर्म कर लें। अब दोनों हाथों की बीच की दो अँगुलियाँ लेकर दोनों बन्द आँखों पर इस प्रकार रखें कि पूरी आँख ढकी जाये। बड़ी अँगुली ऊपरी पलक को ढक ले और छोटी अँगुली निचली पलक को। अब विशेष ध्यान यह देना है कि अँगुली पलकों पर जहाँ रख दी, वहीं टिकी रहे अर्थात् अँगुली पलकों के साथ चिपक ही जाये ताकि जब अँगुलियाँ को चलायें, तो साथ ही पलकों की भी गति हो। ऐसा बिल्कुल न हो कि अँगुलियाँ पलकों के ऊपर ही फेरते जायें, क्योंकि अँगुली के द्वारा पलकों को दायें-बायें चलाते हुए उनसे आँखों की मालिश करनी है न कि पलकों की। यह भी ध्यान रहे कि पलकों पर रगड़ न लगे और आँखों पर दबाव उतना ही हो जितना सुखद लगे, लेकिन गति धीरे-धीरे बढ़ाते जानी है। इस तरह से एक-दो मिनट तक कर सकते हैं।

इसके पश्चात दोनों हाथों की तर्जनी लेकर उससे ऊपरी पलकों को गोल-गोल बारी-बारी से दोनों दिशाओं में 5-10 बार घुमायेंगे।

अब अनामिका अँगुली से निचली पलकों को इसी प्रकार घुमायेंगे।

सावधानी:- जिन लोगों की आँखों का आपरेशन हुआ हो, आँखों में लेंस लगवाये हों अथवा आँखों में कोई इन्फेक्शन हो, वह लोग आँखों की मालिश कदापि नहीं करेंगे।

(ख) दृष्टि विस्तार क्रियाएँ

1. नेत्र चालन

इसके लिए सहज बैठकर आँखों को पूरा खोल लें। ध्यान रहे, हम नेत्रों की क्रिया कर रहे हैं, इसके लिए मात्र नेत्रों को ही गति देनी है। शरीर के अन्य अंग तथा विशेष रूप से गर्दन की बिल्कुल भी गति नहीं करनी है।

(1) अब श्वास भरते हुए आँखों की पुतलियों को इतना ऊपर ले जायें कि आँख का तारा छिप जाये और आँखों की सफेदी ही दिखायी दे। इसी प्रकार श्वास छोड़ते हुए पुतलियों को नीचे से नीचे ले आयें। प्रयास हो कि पूरे समय पलकें स्थिर ही रहें। इस प्रकार 10 से 20 बार तक करें।

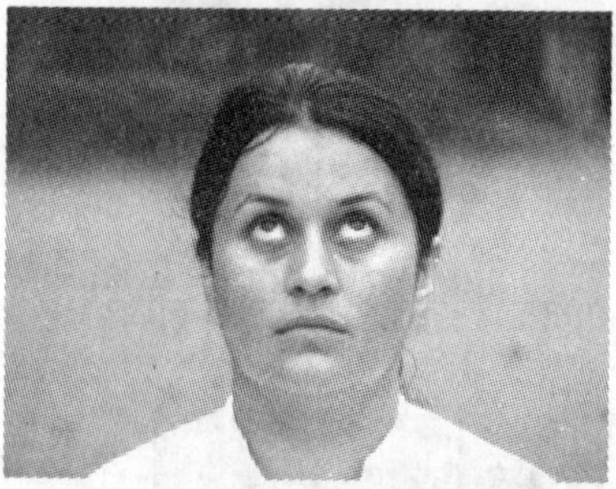

इस क्रिया में आप दो केन्द्र बना सकते हैं। यदि आप कमरे के भीतर बैठ कर साधना कर रहे हैं, तो ऊपर दृष्टि करते समय आपको बिना गर्दन उठाये कमरे की छत (खुले में कर रहे हैं तो आकाश) दिखायी दे और दृष्टि नीचे करने पर बिना गर्दन झुकाये अपना आसन (धरती) दिखायी दे।

(2) अब नेत्रों को दायें-बायें चलायेंगे। श्वास भरते हुए आँखों को पहले दायीं ओर ले जायें, श्वास छोड़ते हुए सामने लायें। फिर श्वास भरते हुए बायीं ओर, श्वास छोड़ते हुए सामने।

इस क्रिया में अधिक उपयुक्त होगा यदि हाथों का सहारा ले लिया जाये, क्योंकि हाथों के सहारे आँखों को संचालित करना अधिक सरल हो जाता है। इसके लिए अपनी दोनों बाँहों को कुहनियों से मोड़कर इतना ऊपर उठा लें कि हाथ कानों के बराबर तक पहुँच जायें। अब हाथों की मुट्ठी बनाकर केवल तर्जनी अँगुली पूरी सीधी खोल लें। इस प्रकार तर्जनी का सिरा आँखों की सीध में आ जायेगा। हाथों को थोड़ा आगे-पीछे करके यह सुनिश्चित कर लें कि आँखों को घुमाने पर अँगुलियाँ दिखायी दे रही हैं।

इस प्रकार श्वासों के साथ आँखों को दायें-बायें चलाते जायें। इसे भी 10 से 20 बार तक करें। पलके पूरी खुली हों और गर्दन बिल्कुल स्थिर हो।

(3) अब नेत्रों को तिर्यक दिशा में चलायेंगे। चित्रानुसार पहले दाहिनी बाँह को खोलकर थोड़ा ऊपर की ओर ले जायें और बायीं बाँह को थोड़ा नीचे ले जायें। दूरी इतनी ही हो कि तर्जनी का सिरा आँखों से दिखता रहे। श्वास भरते हुए आँखों को पहले दायीं ओर ऊपर ले जायें, फिर श्वास छोड़ते हुए बीच में सामने। फिर श्वास भरते हुए बायीं ओर नीचे और श्वास छोड़ते हुए वापस बीच में नाक के ठीक सामने। इस प्रकार श्वासों के साथ-साथ आँखों को दायें-बायें तिर्यक दिशा में चलाते जायें। यह क्रिया 10 से 20 बार तक करें।

(4) अब नेत्रों को विपरीत दिशा में चलायेंगे। इसके लिए बायीं बाँह को ऊपर की ओर ले जायें और दाहिनी बाँह को नीचे ले आयें। बाँहों की स्थिति पूर्व अवस्था के अनुसार किन्तु विपरीत हो। श्वास भरते हुए आँखों को पहले बायीं ओर ऊपर ले जायें, श्वास छोड़ते हुए बीच में। फिर श्वास भरते हुए दायीं ओर नीचे और श्वास छोड़ते हुए बीच में नाक की सीध में। इस प्रकार श्वासों के साथ-साथ आँखों को बायें से दायें तिर्यक दिशा में चलाते जायें। इसे भी पूर्ववत् 10 से 20 बार तक करें।

(5) अगली क्रिया में पुतलियों को चक्राकार घुमाना है। इसके लिए दाहिने या बायें हाथ को आँखों के सामने ले आयें और अँगूठे को सीधा खोल लें। अँगूठे का सिरा आँखों के निकट भ्रूमध्य की ठीक सीध में हो। दृष्टि को खुले हुए अँगूठे के सिरे पर इस प्रकार जोड़ दें मानों वहीं पर बँध गयी हो अर्थात् हाथों को चलाते समय भी आँखें तर्जनी के सिरे पर ही जमी रहेंगी।

अब हाथ को गोल चक्कर में घुमाना प्रारम्भ करें। पहले चक्र छोटा हो फिर धीरे-धीरे उसका घेरा बड़ा करते जाना है। साथ ही हाथ को भी आँखों

से दूर लेते जाना है। आँखों से बाँह की आधी दूरी पर पहुँचकर वापस घेरा छोटा करते जाना है और बाँह पूरी खोलते-खोलते वापस अँगूठे का सिरा घूमता हुआ भ्रूमध्य की सीध में आ जाये। श्वास की गति सामान्य ही रहेगी।

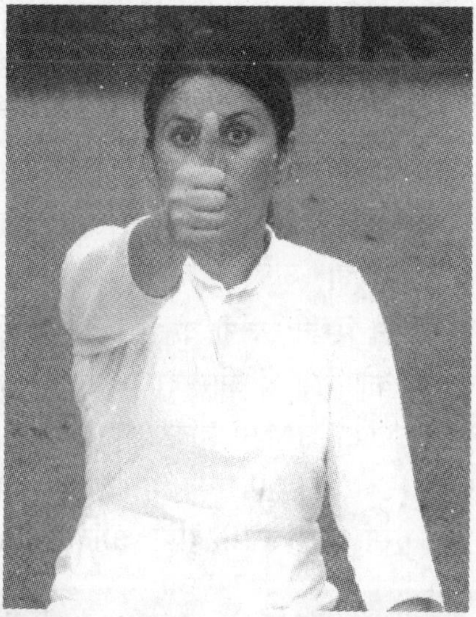

अब पुनः इसी क्रिया को विपरीत दिशा से दुहरायेंगे और साथ ही हाथ को आँखों के निकट लाते जायेंगे। अन्त में जहाँ से शुरू किया था, उसी स्थिति में लाकर क्रिया समाप्त करेंगे।

इस क्रिया में मस्तिष्क का काफी जोर लगता है, अतः आवश्यकता लगे तो बाद में थोड़ी देर के लिए आँखों को बन्द करके गहरे-गहरे श्वास लें।

2. नेत्र सन्तुलन (Focus Shifting or Balancing)

हमारी आँखों की संरचना अत्यन्त जटिल है। सम्भवतः आँखें ही एक ऐसा विशेष यन्त्र हैं, जो मृत्युपर्यन्त कभी विश्राम नहीं करती। हर पल दूर अथवा निकट की वस्तुओं का आकर्षण, वातावरण घटकों में आ रहे परिवर्तन, पृथ्वी के घूर्णनवश उत्पन्न हो रही चुम्बकीय तरंगों का प्रभाव, प्रकृति से बढ़ रही दूरी तथा कृत्रिम प्रकाश में देर तक रहना, टी.वी. तथा कम्प्यूटर आदि अनेक ऐसे कारक हैं, जिनसे सामञ्जस्य बिठाने के लिए आँखों को बारम्बार अपने सन्तुलन की जाँच करनी पड़ती है। यद्यपि हमारी आँखों में असीम लचक है, फिर भी समय की मार और लापरवाही के कारण इनमें कमजोरी आ जाती है। इसके लिए यह क्रियाएँ अत्यन्त महत्त्वपूर्ण सिद्ध हो सकती हैं।

नेत्र सन्तुलन के लिए हम दो बिन्दु लेंगे, एक पास से पास और एक अत्यन्त दूर। निकट बिन्दु के लिए हम अपनी तर्जनी को आँखों के ठीक मध्य में भ्रूमध्य के सामने टिका लें। यहाँ तक कि तर्जनी का सिरा भ्रूमध्य का स्पर्श सा ही करने लगे किन्तु ध्यान रहे कि दृष्टि से ओझल न हो। अब एक सुदूर बिन्दु सुनिश्चित कर लें। यदि कमरे में बैठे हैं, तो दूर की दीवाल पर कोई बिन्दु ले लें। यदि खुले में बैठे हैं, तो दूर किसी पेड़ की शाखा या किसी बिल्डिंग का कोई भाग अथवा पहाड़ की चोटी या आकाश में ही कोई बिन्दु सुनिश्चित कर लें, जहाँ तक दृष्टि स्पष्ट पहुँचती हो। इतना ध्यान रहे कि यह बिन्दु नेत्रों की सीध में ही हो, ऊपर नीचे नहीं।

अब भ्रूमध्य के सामने स्थित तर्जनी के सिरे पर अपनी दृष्टि को केन्द्रित कर दें। अचानक तर्जनी को गिरा दें और दूर के बिन्दु को देखने का प्रयास करें। पुनः तर्जनी को उठा कर उस पर दृष्टि जमायें और फिर उसे गिरा कर दूर देखें। इस प्रकार बारी-बारी से दृष्टि को पास से दूर और दूर से पास लाते जायें। 10 से 20 बार ऐसा करें। इससे दृष्टि क्षमता की वृद्धि भी होती है।

एक विशेष प्रयोग :- रात्रि के समय कमरे की रोशनी में किसी एक वस्तु या बिन्दु पर ध्यान जमायें। अचानक रोशनी बुझा दें और उस वस्तु अथवा बिन्दु को देखने का प्रयास करें। अथवा एक रोशनी वाले कमरे से अचानक अँधेरे कमरे में जाकर वहाँ की वस्तुओं को देखने का प्रयास करें। इस प्रकार के नियमित अभ्यास से न केवल नेत्रों का सन्तुलन बढ़ता है, बल्कि उनकी विपरीत परिस्थितियों में दृष्टि क्षमता भी बढ़ती है।

उन्नत साधकों के लिए विशेष :- यदि यह समस्त क्रियाएँ दीर्घ श्वास-प्रश्वास के साथ अथवा इससे भी बढ़कर यथाशक्ति कुम्भक की अवस्था में कर सकें तो अत्युत्तम होगा।

इन सभी क्रियाओं में जीभ को मुख के भीतर, जितना पीछे ले जा सकते हैं, ले जाते हुए तालु के साथ जोड़ कर रखने का प्रयास करें। जिस क्रिया में जिस क्रम में आँखों की गति होती है, उसी क्रम तथा दिशा में जीभ के अग्र भाग को सूक्ष्म गति दें। अति उन्नत साधकों के लिए तो यह सभी क्रियाएँ और भी विशेष बन जायेंगी यदि वह जीभ को पीछे ले जाकर अलजिह्वा से पीछे कपाल कुहर में प्रवेश करा दें। इस विशेष स्थिति का नाम है– खेचरी मुद्रा। इस रहस्यमयी मुद्रा की विधिवत् चर्चा तो किसी विशेष प्रसंग में ही की जानी सम्भव है क्योंकि यह अति गम्भीर साधना है। जिह्वा का कपाल कुहर में प्रवेश तो मात्र इस साधना का आरम्भ ही है।

इसी प्रकार यदि सभी क्रियाओं में मूलबन्ध लगाकर रख सकें तो बहुत ही लाभदायक हो सकता है। मूलबन्ध का सामान्य अर्थ है– नाभि के निचले हिस्से को पीछे और नीचे की ओर तानते हुए, गुदा द्वार को इस प्रकार बन्द करें कि सीवनी नाड़ी के नीचे की ओर खिंचे चले आने पर किञ्चित मात्रा में लिंग संकोचन भी स्वाभाविक हो जाये। स्त्रियों के लिए भी यही प्रक्रिया है। इसी क्रम से उनमें स्वाभाविक योनि संकोचन होना चाहिए। मूलबन्ध भी एक अति सूक्ष्म क्रिया है। यह सभी साधकों के लिए अनुपम वरदान है। यद्यपि इसकी पूरी जानकारी तो मात्र पढ़कर नहीं प्राप्त की जा सकती, किन्तु जितना कर सकते हैं, उतना अवश्य करें।

(ग) तनाव मुक्ति हेतु शक्ति-क्रियाएँ

1. नेत्र-संकोचन

अपने नेत्रों में शक्ति भरने के लिए श्वास भर कर रोक लें और साथ ही दोनों आँखों को जोरों से बन्द कर लें। पूरा जोर लगाने के लिए जबड़ों को भी कस लें और दोनों हाथों की मुट्ठियाँ भी कस लें। आँखों को इतना कसें कि आँखें पूरी तरह से गोलक के अन्दर चली जायें। अब इस अवस्था में मन ही मन 20 तक गिनती गिनें।

गिनती पूरी होते ही सारे शरीर और आँखों को एकदम से ढीला छोड़ दें। ध्यान रहे, अभी आँखों को खोलना नहीं है मात्र ढीला ही छोड़ना है। फिर दोनों हाथों से मस्तक और आँखों को मलते हुए जो कसाव पैदा हुआ है, उसे दूर कर लें और फिर धीरे-धीरे आँखें खोल लें।

2. नेत्र-आन्दोलन

इसमें उपर्युक्त क्रिया की भाँति ही आँखों को श्वास भरते हुए जोरों से बन्द करना है लेकिन रोकना नहीं है, बल्कि साथ ही श्वास बाहर निकालते हुए पूरा फैला देना है। इस प्रकार लगभग 20-40 बार जल्दी-जल्दी करते जाना है। अन्त में श्वास पूरा बाहर निकाल कर 5 सेकण्ड के लिए रोक लेना

है और फिर जितना लम्बा श्वास भर सकें, भर कर अन्दर ही 5 से 10 सेकेण्ड के लिए रोक लें और फिर धीरे-धीरे श्वास छोड़ते हुए आराम की अवस्था में आ जायें। यह क्रिया दो-तीन बार दोहरायी जा सकती है।

ध्यान रहे, श्वासों में पूरा वेग हो और उनकी आवाज भी आती रहे, साथ ही गति उतनी ही रखें कि आँखों को पूरा फैलाया जा सके और कसा भी जा सके। इस क्रिया को करते समय शरीर बिल्कुल स्थिर रहेगा और कन्धे बिल्कुल भी ऊपर-नीचे नहीं होंगे। सारा ध्यान आँखों को फैलाने और कसने पर ही रखना है। शरीर जितना स्थिर होगा, उतनी एकाग्रता में वृद्धि होगी और मस्तिष्क क्रियाशील होगा।

इस क्रिया में श्वास भरने के साथ ही साथ हाथों को गति देते हुए मुट्ठी भी बन्द कर लें और श्वास छोड़ते हुए फिर से खोल लें। पूरा शरीर भी थोड़ा-थोड़ा आगे-पीछे गति करता हुआ झूमता जाये। यदि कोई कर सके तो साथ ही अश्विनी मुद्रा का अभ्यास सोने में सुहागे का काम कर सकता है, क्योंकि वस्तुतः हमारे शरीर में शक्ति का केन्द्र तो मूलाधार में ही है। अश्विनी मुद्रा में बारी-बारी गुदा का संकोचन और विस्तारण किया जाता है, जिससे मूलाधार में हलचल पैदा होती है और शक्तितरंगें उठनी शुरू हो जाती हैं। जब आँखों को केन्द्र बनाकर अश्विनी मुद्रा का अभ्यास किया जाता है, तो स्वाभाविक ही यह शक्तितरंगे मस्तक की ओर गति करती हैं। प्राणशक्ति अधिकांश रूप से निचले दो छिद्रों से ही बहिर्गमन करती है। इस क्रिया के द्वारा शक्ति के ऊर्ध्वगमन का पथ प्रशस्त होता है।

इस क्रिया से आँखों तथा मस्तिष्क को अधिक ऑक्सीजन की प्राप्ति होती है। आँखों की सारी थकान दूर हो जाती है और इतना ही नहीं, मस्तिष्क का तनाव या मानसिक उद्वेग भी एकदम से शान्त हो जाता है। प्रयोग करके देखा गया है कि गुस्से अथवा उद्विग्नता की अवस्था में उपर्युक्त दोनों क्रियाएँ साथ-साथ करने से मन एकदम शान्त हो जाता है। निराशा या अवसाद के भाव भी एकदम से दूर होकर मन ऊर्जा और उत्साह से भर जाता है। आँखें तो ऊर्जावान होती ही हैं। विशेष रूप से जिनका पढ़ाई-लिखाई या कम्प्यूटर का अधिक कार्य है, उनके लिए तो यह क्रियाएँ रामबाण का काम करती हैं।

इन क्रियाओं को दिन में कई बार किया जा सकता है। बस इतनी ही सावधानी रखनी है कि भोजन करने के बाद लगभग 1 घण्टे तक इन्हें न करें अन्यथा पेट की गर्मी सिर में चढ़कर तंग कर सकती है।

3. आँखों में हँसने की विशेष क्रिया

वस्तुतः हँसना तो एक अनुपम वरदान है, किन्तु क्या आपने कभी किसी जानवर को हँसते देखा है? जानवरों को रोना-चिल्लाना तो आता है, किन्तु हँसने की योग्यता उनमें नहीं है। यह वरदान मात्र मनुष्य को ही प्राप्त है। हँसने से चेहरा खिलता है, सारा शरीर फैलता है, नाड़ियाँ खुलती हैं, रक्त संचार बढ़ता है, शक्ति का प्रसार होता है और मन प्रसन्न होता है।

आपने देखा होगा कुछ लोग होंठों में मुस्कराते हैं, तो कुछ मीठी-मीठी हँसी हँसते हैं और कुछ लोग तो अट्टहास करते हैं। लेकिन हम जिस हँसी की बात करने जा रहे हैं वह इन सबसे विशेष है। वह है आँखों से हँसना। कुछ चतुर लोग आँखों ही आँखों में दूसरों को इशारा करने की कला तो जानते हैं, किन्तु इससे आगे बढ़ कर आँखों में हँसने की कला का अभी मनुष्य को अपने अन्दर विकास करना है।

वस्तुतः आँखें हमारे मस्तिष्क का ही बाहर झाँकता हुआ हिस्सा हैं। यही कारण है कि आजकल के भागदौड़ वाले युग में मस्तिष्क पर बढ़ रहे तनाव का सारा भार आँखों पर दिखायी देता है। समय से पहले ही आँखों की चमक समाप्त हो जाती है, उनके नीचे कालापन और पलकों पर झुर्रियाँ साफ नजर आने लगती हैं। आँखों में ही हमारी बेबसी और परेशानियों का सारा नक्शा खिंचा रहता है।

पूर्व में बतायी गई क्रियाएँ इन नक्शों को मिटाने में पूरी सहायता करेंगीं। इनके अभ्यास में कभी आपको खुजली, कभी किसी बिन्दु पर दर्द, भारीपन आदि का अनुभव हो सकता है, किन्तु किसी योग्य शिक्षक को दिखाकर तथा पूछकर विधिवत् किये जाने वाले नियमित अभ्यास से आँखें सहज ही हल्की होती जायेंगी। इसके साथ ही हम आँखों में हँसने की कला को भी सरलता पूर्वक धारण कर सकेंगे।

सर्वप्रथम कुछ लम्बे गहरे श्वास लें और मूलबन्ध, अश्विनी मुद्रा, जिह्वा मुद्रा (खेचरी) आदि अपने स्तर के अनुसार लगायें। थोड़ी देर के लिए पलकों को झपकायें और फिर आँखों में हँसने के लिए तैयार हो जायें।

ध्यान रहे, आँखों के साथ-साथ मुख भी हँसेगा लेकिन हँसने की आवाज़ बिल्कुल भी नहीं आयेगी। दरअसल सारा शरीर ही हँसेगा अर्थात् झूम उठेगा लेकिन इस हँसी का केन्द्र बिन्दु होंगी आँखें।

मन ही मन यह धारणा करें कि आपकी बन्द आँखों के सामने आपके इष्ट या गुरु या प्रेमास्पद का मुस्कुराता हुआ चेहरा है अथवा आप दिवा सूर्य या पूर्ण गोलाकार स्निग्ध प्रकाश से भरे चन्द्र अथवा खिले हुए फूल की भी धारणा कर सकते हैं।

अब ऐसी धारणा करें कि आपके उस मुस्कुराते हुए इष्ट स्वरूप के प्रसन्न मुखमण्डल से प्राणशक्ति का प्रवाह आपकी आँखों के भीतर प्रवेश करता जा रहा है और आपकी आँखें बिल्कुल हल्की होती हुई, कमल की तरह खिलती जा रही हैं।

अब आप अपना ध्यान आँखों के प्रत्येक अंग पर लगाते जायें। सर्वप्रथम अनुभव करें कि आपकी दायीं आँख का बाहरी कोना हल्का हो गया है, खिल गया है और हँस रहा है। इसके साथ ही मुँह का दायाँ कोना भी ऊपर को उठता हुआ हँसता जा रहा है। जीभ का सिरा भी आँख के इस हँसते हुए केन्द्र की ओर ही गति करता हुआ स्पन्दित होना शुरू हो गया है।

अब इसी प्रक्रिया को बायीं आँख के बाहरी कोने पर अनुभव करें। फिर दोनों आँखों के भीतरी कोनों का अनुभव करें और उन्हें फैलाते जायें, हँसाते जायें। इसी प्रकार एक क्रम से आँखों के भीतर आते हुए आँखों की सफेदी, फिर पुतली और फिर बीच का तारा, इस प्रकार पूरी आँख को ही हँसता हुआ अनुभव करें। निश्चित ही अब तक आपका मुख भी पूरी तरह से खिल चुका

होगा, दिल भी खोलकर हँसे लेकिन ध्यान रहे आवाज़ बिल्कुल भी न आये और सारा ध्यान आँखों पर ही केन्द्रित हो। शरीर लोटपोट हो जाये, रोम-रोम स्पन्दित हो जाये।

अब आँखों को बन्द ही रखते हुए ध्यान दोनों आँखों के केन्द्रबिन्दु अर्थात् भ्रूमध्य पर ले आयें। धारणा करें कि खिले हुए कमल-सा प्रकाशपुंज सूर्य या चन्द्र या गुरु अथवा इष्ट के प्रसन्न वदन से भ्रूमध्य में प्रवेश करता जा रहा है। भ्रूमध्य विकसित होता जा रहा है और यह प्रकाश भीतर भरता जा रहा है। इसी अवस्था में शरीर को बिल्कुल स्थित कर लें और भ्रूमध्य को केन्द्र बनाकर इस प्रकाश की डोर को पकड़ कर धीरे-धीरे अपने शरीर के अन्दर उतरते जायें। ऐसी धारणा करते जायें कि यह प्रकाश धीरे-धीरे पूरे शरीर में भरता जा रहा है, फैलता जा रहा है।

विशेष वक्तव्य :- यहाँ एक विशेष ध्यान देने वाली बात यह है कि भ्रूमध्य का अर्थ मस्तक के ऊपर दोनों भौहों के मिलन का स्थान नहीं है। वस्तुतः उस स्थान से एक रेखा यदि सीधी मस्तक के अन्दर खींचे, एक रेखा दोनों कानों से अन्दर और एक रेखा जिह्वा मूल से अन्दर खींचे, तो जहाँ पर ये सारी रेखाएँ एक-दूसरे को काटती हैं, वह बिन्दु ही भ्रूमध्य है। इसे ही तीसरा नेत्र अथवा पीयूष ग्रन्थि भी कहते हैं। यह बिन्दु सचमुच अमृत का स्रोत है। जितना अधिक यह सक्रिय होगा उतना ही मस्तक विकसित होगा और उतना ही अधिक सारा शरीर भी अमृत से सुपोषित होगा। इस अमृत बिन्दु का बाह्य प्रतिबिम्ब दोनों भौंहों के मध्य का बिन्दु है।

ऐसा माना जाता है कि पूर्व काल में यह प्रायः विकसित हुआ करता था। इसी की क्रियाशीलता से दूरदर्शन आदि सिद्धियाँ प्राप्त होती हैं, जो पूर्वजों में सहज जाग्रत थीं। कालक्रम से बहिर्मुखता के कारण इस तृतीय नेत्र का सम्बन्ध शिव चेतना के साथ टूटता गया और यह शिवनेत्र संकुचित होते-होते कलियुग में तो एक जड़-सी ग्रन्थि या gland बनकर रह गया है। अब इससे स्थूल शरीर की आवश्यकतानुसार थोड़ी मात्रा में ही रस झरता है और वह भी आयु बढ़ने के साथ-साथ सूखता जाता है। किन्हीं विरले महामानवों में ही प्रबल साधना वेग के द्वारा इस ग्रन्थि का विकास होता है। विकसित ग्रन्थि पुनः अमृत रस का स्राव करती है और धीरे-धीरे उसका सारे शरीर में संचार करती है।

मानवी सभ्यता के विकास का अगला चरण मस्तकस्थ इस ग्रन्थि में विशेष प्राणशक्ति भरने का है। यही होगा तृतीय नेत्र का खुलना या जाग्रत होना। इस प्रकार के विकसित मानव ही आने वाले सत्ययुग के सूत्रधार होंगे। निस्सन्देह उन महामानवों के शरीर में और बहुत-सी विशेषताएँ होंगी, जिनकी चर्चा करना यहाँ अप्रासंगिक होगा। इस विषय में लेखक की अन्य पुस्तकें अवलोकनीय हैं।

इसमें कुछ सन्देह नहीं कि सिर्फ पढ़कर जितना समझ में आता है, अभ्यास के द्वारा उससे कहीं अधिक समझा जा सकता है और यदि कुशल मार्गदर्शक प्राप्त हो जाये, फिर तो यह और सरल एवं सुगम हो जाता है। वस्तुतः आश्रम में समय-समय पर साधना शिविर लगते ही रहते हैं, जिनमें इस प्रकार की अनेक साधनाएँ और साधन चर्चाएँ चलती ही रहती हैं। निश्चित ही साधना पथ अनन्त है। आगे से आगे साधना की गम्भीरता बढ़ती ही जाती है। यद्यपि शब्दों की अपनी सीमा है, फिर भी जिज्ञासुओं के सेवा के निमित्त से इस पुस्तक में उनकी कुछ प्रारम्भिक चर्चा कर रहे हैं।

◈◈◈

6 कर्णेन्द्रिय शुद्धि तथा सिद्धि-साधना

जीवन में आँखों के बाद सबसे अधिक काम हम कानों से ही लेते हैं। इसलिए यह एक महत्त्वपूर्ण ज्ञानेन्द्रिय है। अधिकतर विषयों का ज्ञान हम देख कर या सुन कर ही प्राप्त करते हैं। मनुष्य की कर्णेन्द्रिय की सामान्य सीमा 20 से 20,000 हर्ट्ज़ मानी जाती है। इससे कम अथवा अधिक आवर्तन के कम्पनों को सामान्य मनुष्य के कान नहीं ग्रहण कर सकते। यद्यपि कर्ण पटलों की संरचना में आकाश और वायु तत्त्व की प्रधानता है, फिर भी एक निश्चित मात्रा में जड़ताप्रधान पृथ्वी तथा जल तत्त्वों की उपस्थिति के कारण इनकी संवेदनशीलता घट जाती है। इससे एक तथ्य यह भी प्रकट होता है कि यदि योगाग्नि वृद्धि के फलस्वरूप हमारे शरीर में जड़ता कम हो जाये, तो हम निश्चित ही इस सीमा से बाहर की ध्वनियों को भी सुन सकेंगे।

यहाँ एक तथ्य यह भी दृष्टव्य है कि यदि हमारे कान स्वस्थ हैं, तो वह 20 से 20,000 हर्ट्ज़ आवृत्ति वाली ध्वनि तरंगों को पकड़ सकेंगे, किन्तु यह तो मात्र शारीरिक स्वस्थता की बात है। यह सम्भव है कि प्राणिक अथवा मानसिक स्तर पर हम रोगी अथवा विकारी हों। ऐसी परिस्थिति में भी कर्णेन्द्रिय की कार्यक्षमता प्रभावित हो सकती है। एक मोटा-सा उदाहरण यही है कि कान अपनी निन्दा नहीं सुन सकते, भले ही वह हितकारी हो, लेकिन अहितकारी परनिन्दा को सुनने में पूरा रस लेते हैं।

ध्यानपूर्वक विशेष क्रियाओं के अभ्यास से जब प्राणों की धारा कर्ण छिद्रों से होकर भीतर सुषुम्ना से जुड़ जाती है, तो उनका अनात्म विषयों में आकर्षण स्वाभाविक ही समाप्त हो जाता है। सभी प्राणी उन शब्दों को सुनते हैं, जो कर्ण पटलों को कम्पित करते हैं, किन्तु विशेष साधक उन शब्दों को भी सुन लेते हैं, जो अतीन्द्रिय तथा देशकाल की सीमा से मुक्त हैं।

जब 20 से 20,000 hz आवृत्ति वाली ध्वनि तरंगें हमारे कान के पर्दों से टकराती हैं, तब उनमें कम्पन पैदा होते हैं। इन पर्दों की रचना, प्राणी की चेतना में इन कम्पनों से सम्बन्धित सभी शब्दों को प्रतिध्वनित करती रहती है। यदि इन कर्ण कम्पनों को शरीर के अन्दर किसी विशिष्ट केन्द्र (सुषुम्ना) की ओर जाने का रास्ता मिल जाये, तो यह विभिन्न शब्दों के कम्पन मिलित होकर एक नाद का रूप धारण कर लेंगे और प्राणी की अन्तर्मुखी चेतना उनको भी सुन सकेगी।

वस्तुतः नाद जागरण की अनेक विधियाँ हैं। इनमें प्राणों के केन्द्र नाभिचक्र तथा मन के केन्द्र आज्ञाचक्र को क्रियाशील बनाकर विशेष विधि से अनाहत नादों का जागरण तथा श्रवण किया जाता है। इन नादों के विधिपूर्वक श्रवण द्वारा जब कर्ण पटलों से लेकर आज्ञाचक्र पर्यन्त का पथ भलीभाँति शुद्ध हो जाता है, तब समष्टि में व्याप्त शब्दों को श्रवण करने की शक्ति जाग्रत हो जाती है। हाँ, इसके साथ-साथ आज्ञा चक्र में मन को पूरा स्थित करके, व्यष्टि स्तर से पार, कहीं पर भी किसी भी व्यक्ति में मन को केन्द्रित करने की योग्यता आ जानी चाहिए।

आज्ञाचक्र का केन्द्र शरीर रचना की दृष्टि से मस्तक का पीनियल ग्लैण्ड है। रागाधि गूर्व आज्ञाचक्र में जागी हुई चेतना का सम्बन्ध जब समष्टि में व्याप्त सूक्ष्म वाणी के कम्पनों के साथ हो जाता है, वह वाणी आज्ञाचक्र से अन्तर्पथ के द्वारा कर्ण पटलों को कम्पित कर देती है, तब कर्ण पटलों में सामान्य वाणी के समान उस सूक्ष्म वाणी को भी साधक सुन सकेगा। हो सकता है कि यह किसी ऋषि की वाणी हो या लुप्त वेद वाणी हो या ऐसी अवस्था में सुदूर अमेरिका में स्थित अपने किसी मित्र की वाणी को सुन सकना भी कोई आश्चर्य नहीं होगा। क्योंकि जो कुछ भी हम मुँह से बोलते हैं, वह एक तरफ तो सीधा कर्ण पटलों को कम्पित और ध्वनित करता है, किन्तु साथ ही साथ अपने मूल स्रोत में लीन भी होता जाता है अर्थात् वैखरी से मध्यमा, फिर पश्यन्ती, फिर परा अवस्था में लीन हो जाता है। पश्यन्ती वाणी के कम्पन सर्वव्यापक हैं। इन्हीं को आज्ञाचक्र ग्रहण करता है। आज्ञाचक्र द्वारा ग्रहण की हुई वाणी को समझने (decode) का काम एक साधक का परिष्कृत नाड़ी-संस्थान, भीतर ही भीतर कर्ण पटलों को कम्पित करके कर देता है। जिस किसी भी साधक में कर्ण पटलों से आज्ञाचक्र तक का पथ परिष्कृत हो चुका है, उसके कर्ण अकल्याणकारी वचन सुन ही नहीं सकेंगे, क्योंकि जो कुछ भी वह सुनेगा, उससे उठने वाले कम्पनों की धारा ऊर्ध्वमुखी ही होगी। ऐसा साधक ही ब्रह्मविद्या का उत्तम अधिकारी है।

प्रस्तुत प्रसंग में कानों को स्वस्थ रखने सम्बन्धी किसी नुस्खे की चर्चा करने की बजाये हमारा ध्यान उन विशेष क्रियाओं पर होगा, जिनके द्वारा कर्ण पटलों और कर्ण के अन्य अवयवों में प्राणशक्ति क्रियाशील हो जाये, जिससे न केवल उनकी शक्ति बढ़े बल्कि रोग आने की सम्भावना ही कम हो जाए।

(क) शोधन क्रियाएँ

1. कानों की मालिश

सबसे पहले दोनों हाथों को आपस में रगड़ कर अच्छे से गर्म कर लें। अब गर्मागर्म हाथों को दोनों कानों के ऊपर इस प्रकार से रखें कि हथेलियों से पूरा कान ढक जाये। कानों पर हल्का-सा दबाव बनाते हुए हाथों को आगे-पीछे ऊपर-नीचे चलाते हुए कानों की अच्छे से मालिश करें। इस प्रकार करने से कानों के अन्दर साँय-साँय की-सी ध्वनि उत्पन्न होगी, उसे ध्यान पूर्वक सुनते जायें। दबाव उतना ही दें जितना सहजता पूर्वक सहा जा सके। इस प्रकार से एक-दो मिनट तक मालिश करते जायें।

मालिश के द्वारा कान गर्म होकर अगली क्रियाओं के लिए तैयार हो जाते हैं, किन्तु कान में कोई तकलीफ होने की अवस्था में यह क्रियाएँ न करें।

अब मध्यमा और तर्जनी अँगुलियों को कैंची या **V** के आकार में रखते हुए, उन दोनों के बीच कानों का फँसाकर 10-20 बार ऊपर-नीचे चलाते हुए अच्छे से मालिश करें। आमतौर

पर कान के पिछले हिस्से पर इतना ध्यान नहीं दिया जाता है। इस क्रिया के द्वारा कान के पीछे भी अच्छी तरह से मालिश हो जाती है। मालिश अथवा कोई भी क्रिया करते समय बेहतर होगा कि नेत्र बन्द रखें।

2. कानों की खिंचाई

बचपन में शरारत करने पर, पाठ याद न करने पर अध्यापक ने आपके कानों की खिंचाई की होगी, कानों को मरोड़ा होगा। इस खिंचाई का फल यही होता है कि मन एकाग्र हो जाता है और बच्चा अपना काम सही ढंग से करने लगता है। अब भले ही आप बड़े हो गये हैं, किन्तु मन अभी भी मनमर्जी करता ही है। चलिए सुव्यवस्थित ढंग से कानों की खिंचाई करके देखिए कि क्या मन को अब भी कहीं भागने का रास्ता मिलता है?

दोनों हाथों के अँगूठे और तर्जनी अँगुली के बीच कानों के निचले नर्म हिस्से को अच्छे से पकड़िए। उचित दबाव देते हुए दस बार नीचे की ओर खींचिए। जोर पूरा हो लेकिन इतना अधिक भी नहीं कि कान में दर्द होने लगे और साथ ही इतना ढीला भी न हो कि कान को पता ही न लगे। मन ही मन परमात्मा की शक्ति को नीचे अपने शरीर में अवतरित करवाने की सरल भाव से प्रार्थना करते जाइए। इन क्रियाओं के साथ प्रार्थना को जोड़ देने से मन सहज ही अन्दर जाता है।

इसी प्रकार कान के पिछले हिस्से को अँगूठे और तर्जनी (पहली अँगुली) के साथ अच्छे से पकड़िए और फिर दस बार पीछे की ओर खींचिए। मन ही मन निन्दा, चुगली, झूठ, चोरी, धोखा, नशा आदि हर बुरे

काम से पीछे रहने का संकल्प करते जाइए। परमात्मा से प्रार्थना करते जाइए कि वह हर बुरे काम से आपको पीछे रखे ताकि आप परमार्थ पथ पर आगे बढ़ सकें।

अब कान के ऊपरी हिस्से को पकड़ कर दस बार ऊपर की ओर खींचिए। परमात्मा से मन ही मन यही प्रार्थना करते जाइए कि राग-द्वेष, मोह-माया तथा कुसंग से हमें ऊपर उठाए। इन सभी क्रियाओं में श्वासों का सुमेल कर दिया जाये, तो और भी अच्छा होगा। श्वास भरते हुए कानों को खींचें और श्वास छोड़ते हुए उन्हें ढीला छोड़ दें। इस प्रकार श्वास और मन दोनों के सहयोग से एकाग्रता और अन्तर्मुखता में निश्चित ही वृद्धि होगी। साथ ही भीतर की नाड़ियों के खुलने से न केवल श्रवणशक्ति का विकास होगा बल्कि नादश्रवण का रास्ता भी खुल जायेगा।

अब कान के मध्य में सामने की ओर जो छोटा-सा हिस्सा उभरा हुआ है, उसे अच्छे से पकड़ कर सामने की ओर दस बार खींचिए और साथ ही यह प्रार्थना करते जाइए कि अच्छाइयाँ कितनी भी कम हों पर उनका साथ न छूटे। मन में यह संकल्प दृढ़ करते जाइये कि सेवा और साधना के लिए थोड़ा ही सही, पर समय अवश्य निकालेंगे। परमात्मा के इस मन्दिर रूपी शरीर की पूरी देखभाल करेंगे।

अब दोनों हाथों की अँगुली और अँगूठे से सारे कान को अच्छी प्रकार से पकड़िए और सुविधानुसार कानों को आगे-पीछे, ऊपर-नीचे प्रत्येक दिशा में मरोड़ते जायें। आगे-पीछे (clockwise and anti-clockwise) घुमाते जायें। इसके साथ ही साथ यह प्रार्थना भी

करते जायें कि सर्वकाल में सर्वत्र परमात्मा हमारा मार्गदर्शन करता रहे और हमें सच्चे स्वास्थ्य तथा सुख के मार्ग पर आगे से आगे चलाये।

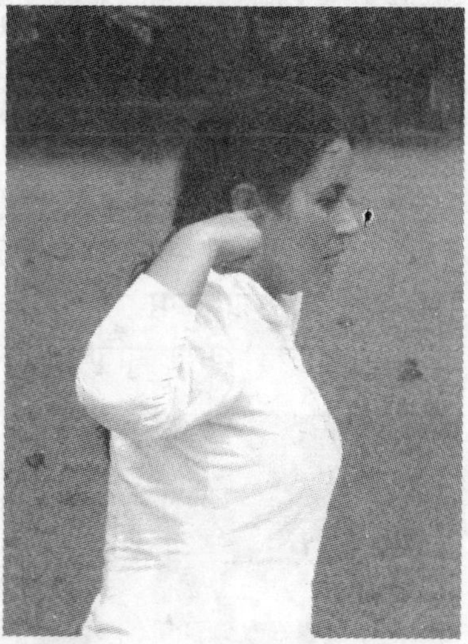

अन्त में दोनों हाथों की तर्जनी अँगुली के सिरे को कर्णरन्ध्र के अन्दर डाल दें और अँगूठे के द्वारा तर्जनी पर थोड़ा दबाव बनाते हुए अँगुली के सिरे को कर्णरन्ध्र के अन्दर पहले सीधे और फिर उसके बाद उलटे चक्कर में दस-दस बार घुमायें। साथ ही यह धारणा करते जायें कि कान भीतर से खुलते जा रहे हैं।

अब आपके कान सत्य एवं हितकारी वाणी को सुनने तथा हजम करने के लिए तैयार हैं।

आयुवृद्धि के साथ-साथ शरीर के विभिन्न अंगों सहित हमारी ज्ञानेन्द्रियों की शक्ति भी क्षीण होती जाती है। प्रायः यह माना जाता है कि वार्द्धक्य के साथ श्रवणशक्ति का ह्रास होना ही है किन्तु, यह इतनी सीधी सी बात नहीं है। वार्द्धक्य का अर्थ इतना ही है कि शरीर में जड़ता बढ़ती जाती है और प्राणों का समुचित प्रवाह इन्द्रिय छिद्रों तक पूरी तरह से नहीं हो पाता। इसीलिए उनकी शक्ति घटती जाती है। किन्तु इन क्रियाओं के द्वारा निश्चित ही प्राणशक्ति के प्रवाह में वृद्धि तथा सूक्ष्म नाड़ियों का शोधन किया जा सकता है। एक प्रकार से वार्द्धक्य के लक्षणों को भी सीमित किया जा सकता है।

(ख) अन्तर्मुखी शक्ति क्रियाएँ

1. आन्तर कर्णपटलों की मालिश

आन्तर कर्णपटलों पर हाथ तो नहीं पहुँच सकते। बाहर की किसी भी हलचल से सामान्यतः यह प्रभावित भी नहीं होता। फिर भी आयु के अनुसार सभी अंगों का निष्क्रिय होते जाना स्वाभाविक ही है और इस पर यदि कोई व्यक्ति अहंकार तथा स्वार्थवश दूसरों की बातों को सुनने में अरुचि रखने वाला हो, तब तो यह कर्णपटल और भी जल्दी निष्क्रिय हो जायेंगे।

आन्तर कर्णपटलों को कम्पित करने तथा शक्तिशाली बनाने की यह एक विशेष क्रिया है। इसके द्वारा सारा नाड़ी संस्थान क्रियाशील हो जायेगा तथा आन्तर अनाहत नाद को जाग्रत करने में भी मदद मिलेगी।

इसके लिए हाथों को परस्पर रगड़ कर गर्म कर लें और फिर हथेलियाँ कानों के ऊपर इस प्रकार रखें कि अँगुलियाँ पीछे गर्दन की ओर हों तथा कलाई कानों के आगे की ओर हो। अब कलाई को कान के सिरे पर जमाये रखते हुए अँगुलियों को उठाते हुए बार-बार उनसे मस्तक पर टंकोर करें। साथ ही हाथों को ऊपर से नीचे और पीछे तक और वापस ऊपर की ओर चलाते रहें। यह क्रिया सुविधानुसार अधिक देर तक भी कर सकते हैं।

विशेष ध्यान रखें कि इस क्रिया में आँखों को बन्द ही रखते हुए अँगुलियों की टंकोर को सुनते जायें और उसे गहरे अन्दर भरते जायें।

2. कानों को भीतर से खोलना

वस्तुतः हमारे कान, नाक, आँख, मुख आदि ज्ञानेन्द्रियों का परस्पर भीतर ही भीतर सीधा सम्बन्ध है। इस सम्बन्ध के आधार पर हम अपने कानों को भीतर से खोलने की चेष्टा करेंगे। इसके लिए होठों को कौवे की चोंच की तरह गोल करते हुए मुख से वायु को अन्दर खींचे। प्रयास हो कि अधिक से अधिक वायु भीतर भरी जा सके। अब श्वास रोककर गालों को पूरा फुला लें और कुम्भक (श्वास रोक कर) की अवस्था में ही जालन्धर बन्ध लगा

लें अर्थात् गर्दन को पूरा नीचे झुकाकर ठोड़ी को छाती से लगा लें। ध्यान रहे, इस अवस्था में रीढ़ की हड्डी बिल्कुल सीधी बनी रहे।

जितनी देर आप आसानी से कुम्भक कर सकते हैं करें और फिर धीरे-धीरे जालन्धर बन्ध खोलते हुए श्वास नासिका से बाहर निकाल दें।

इस क्रिया को आप 5 से 11 बार तक या सुविधानुसार उससे अधिक बार भी कर सकते हैं। इससे कानों में अन्दर से दबाव पड़ता है और न केवल सूक्ष्म मल बल्कि बहुधा स्थूल मल भी कानों के ऊपर आ जाता है। साथ ही अन्तर्मुखी सूक्ष्म नाड़ियाँ भी इस दबाव से खुल जाती हैं।

3. षणमुखी मुद्रा में नाद जागरण

इस क्रिया को वस्तुतः ध्यान साधना के अन्तर्गत रखना अधिक उपयुक्त होगा। इसके द्वारा कर्ण पथ का मल दूर होकर, नाड़ी संस्थान शक्तिशाली बनता है। कर्णेन्द्रिय की शक्ति विकसित होती है तथा अनाहत नाद भी शनैः-शनैः जाग्रत होने लगता है।

इसके लिए दोनों अँगूठों को कर्णरन्ध्रों के भीतर डालकर उन्हें पूरा बन्द कर लें। तर्जनी अँगुली से ऊपरी पलक तथा मध्यमा से निचली पलक को हल्का दबाव देते हुए ढक लें। अनामिका अँगुली से नासाछिद्रों को हल्का-सा दबायें और कनिष्ठिका अँगुली को मुख छिद्र पर टिका लें।

अब पूरा श्वास भरकर गहरी आवाज में 'ओम्' का उच्चारण करें। याद रहे होंठ बन्द करते हुए 'म्' का उच्चारण जितना लम्बा कर सकें, उतना ही अच्छा। धीरे-धीरे आवाज ऊँची करते जायें ताकि सारा मस्तक कम्पनों से भर जाये। साथ ही मस्ती में भर कर आगे-पीछे झूमते भी जायें जिससे यह कम्पन सारे शरीर में फैलने शुरू हो जायेंगे।

जितनी देर तक अच्छा लगे करते जायें। जब थक जायें तो अभी मुद्रा लगी ही रहने दें और कुछ पलों के लिए स्थिर तथा शान्त होकर भीतर चल रही ॐ की गूँज को मन ही मन सुनते जायें। इस क्रिया में घुटने खड़े करके उन पर हाथों को टिका सकते हैं, इससे देर तक क्रिया करनी आसान हो जायेगी। यह क्रिया अलग से भी कर सकते हैं। इससे न केवल कर्ण पथ बल्कि मस्तिष्क को भी शक्ति मिलती है और अन्तर्मुखता की वृद्धि होती है।

4. शून्य मुद्रा में ध्यान

अँगूठे के द्वारा मध्यमा अँगुली को दबाकर अन्य अँगुलियों को सीधा रखने से शून्य मुद्रा बनती है। कान के समस्त रोगों में यह लाभप्रद है। कान

से सम्बन्धित सम्पूर्ण अंगों में प्राणशक्ति के प्रवाह को प्रबल करने में यह विशेष उपयोगी है। यह एक चमत्कारी मुद्रा है। दीर्घकालीन रोग भी इस मुद्रा के अभ्यास से दूर हो जाते हैं।

यहाँ पर मुद्रा विज्ञान का एक सूक्ष्म रहस्य समझ लेने से आसानी हो जायेगी। यह तो हम सभी जानते हैं कि यह पिण्ड और यह सारा ब्रह्माण्ड भी पाँच तत्त्वों से बना है। **हमारे हाथों की पाँच अँगुलियाँ उन पाँच तत्त्वों की नियामक हैं।** किसी भी तत्त्व में दोष अथवा कमी को दूर करने के लिए उसमें तेज (अग्नितत्त्व) भरने की आवश्यकता होती है। हाथों में तत्त्वों की स्थिति का क्रम इस प्रकार से है : अँगूठा-अग्नितत्त्व, तर्जनी-वायुतत्त्व, मध्यमा-आकाशतत्त्व, अनामिका-पृथ्वी तत्त्व तथा कनिष्ठिका-जल तत्त्व। यही कारण है कि प्राय: प्रत्येक मुद्रा में अँगूठे (अग्नितत्त्व) का सहयोग होता ही है। यदि तत्त्व विशेष असन्तुलित अवस्था में है, तो हम मात्र उस तत्त्व की संचालक अँगुली के साथ अँगूठे को मिलाकर रखते हैं और यदि उसमें तेज की कमी है, तो फिर उसे अँगूठे से दबाकर रखा जाता है।

कर्णेन्द्रिय की उत्पत्ति आकाशतत्त्व से होती है और आकाश का केन्द्र है मध्यमा। इस प्रकार मध्यमा से अग्नि अर्थात् अंगुष्ठ का मेल करने से बनने वाली शून्य मूद्रा कर्णेन्द्रिय को शक्ति तथा सन्तुलन प्रदान करती है।

ध्यान रहे, मुद्रा का पूरा लाभ लेने के लिए कम से कम 45 मिनट तक उसी मुद्रा का अभ्यास करना होता है। अत: हम मन को एकाग्र रखने के लिए इस मुद्रा के साथ अपने इष्ट मन्त्र का जाप कर सकें तो अत्युत्तम।

जिह्वा तथा कण्ठ की क्रियाएँ

7

वस्तुतः समस्त इन्द्रियों में से एकमात्र जिह्वा इन्द्रिय ही ऐसी है, जो दो कार्य साथ-साथ करती है– एक रसना इन्द्रिय का और दूसरा वाणी का। यह दोनों ही कार्य अत्यन्त महत्त्वपूर्ण हैं। सच्चाई तो यह है कि स्पर्श इन्द्रिय का कार्य करने में भी यह इन्द्रिय पूरी सक्षम है।

स्थूल, सूक्ष्म और कारण– इन तीनों स्तरों पर चेतना जाग्रत करने में भी जीभ का पूरा योगदान रहता है, क्योंकि यह कर्मेन्द्रिय (वाणी) भी है और ज्ञानेन्द्रिय (रसना) भी है। इसलिए इसके द्वारा ज्ञानपूर्ण क्रियाओं का समुचित सम्पादन किया जा सकता है अर्थात् अत्यन्त सूक्ष्म स्तरों पर विशिष्ट साधनाओं के द्वारा यदि जिह्वा को स्पन्दित किया जा सके, तो योग तथा ज्ञान की समन्वित साधना पद्धति को विकसित किया जा सकता है। इन साधनाओं की चर्चा से पहले हम इसकी कुछ विशेषताओं का अवलोकन करते चलें :-

पहली विशेषता : रस

स्थूल शरीर के प्रमुख आहार अन्नादि को पचाने के लिए आवश्यक रसों का निर्माण सर्वप्रथम जिह्वा ही करती है। अपने कार्य में यह इतनी तत्पर रहती है कि बहुधा भोजन को देखते ही जिह्वा से पानी (लार) टपकना शुरू हो जाता है। यह तो सभी के लिए स्वाभाविक है किन्तु, कुछ उन्नत साधक जीभ की एक विशेष मुद्रा बनाकर मस्तक की पीयूष ग्रन्थि से झर रहे दिव्य रसों का सीधा पान करने की अलौकिक साधना भी करते हैं। यह है– खेचरी मुद्रा।

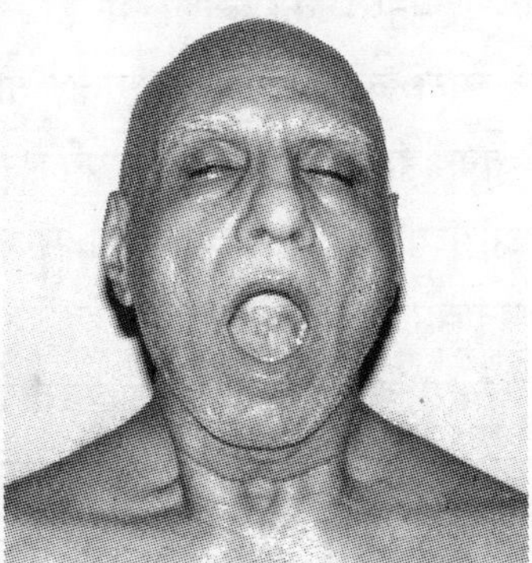

इस मुद्रा में जीभ को उलटा कर uvula के पीछे से ऊपर pharynx में से होते हुए pineal gland अथवा तीसरे नेत्र में केन्द्रित सूक्ष्म ब्रह्मरन्ध्र में ले जाकर स्थित करने की साधना की जाती है। इसके द्वारा मस्तक की ग्रन्थियाँ अधिक क्रियाशील एवं सक्षम बनती हैं और साधक कायाकल्प करने में सक्षम हो जाता है। खेचरी की सिद्ध अवस्था में तो वह भूख-प्यास के बन्धनों से भी मुक्त हो जाता है। यह सब जिह्वा की ही तो विशेषता है।

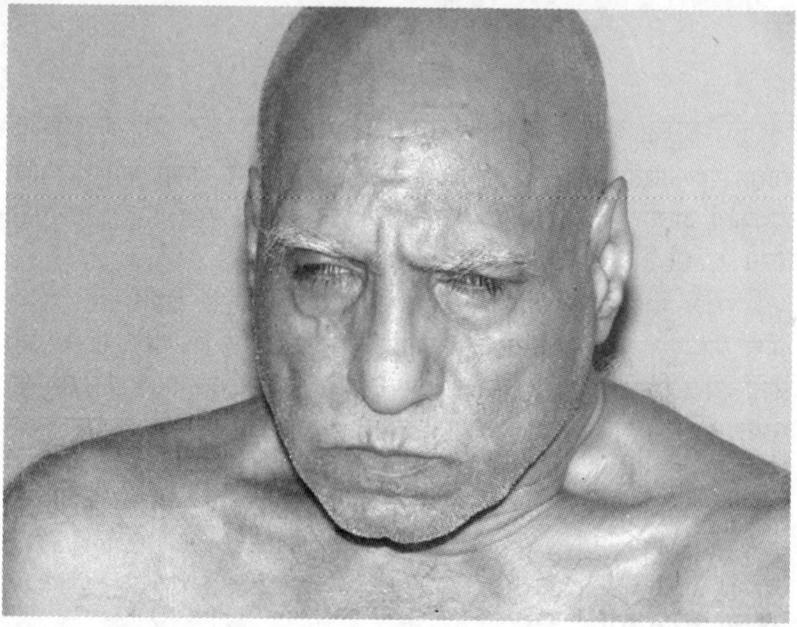

दूसरी विशेषता : वाणी

मनुष्य की वाणी में ही यह विशेष गुण है कि वह पचास तरह के कम्पनों को अत्यन्त सूक्ष्मता, तीव्रता और स्पष्टता से प्रकट कर सकती है। इतना ही नहीं, इन 50 प्रकार के कम्पनों से अनन्त प्रकार के शब्दों की अभिव्यक्ति भी जीभ से ही सम्भव है। ईश्वर प्रदत्त यह विशेषता तो हम सभी मनुष्यों में स्वाभाविक ही है, जिसके द्वारा हम अन्य व्यक्तियों के साथ अपने विचारों का आदान-प्रदान करते हैं, किन्तु विशेष साधनाओं के द्वारा यदि जिह्वा के मूल को ही अति उच्च स्वरों में कम्पित करके इन कम्पनों को जिह्वा के अग्र भाग से सीधे अपने मस्तक में प्रवेश करवा दिया जाये, तो प्रकाश के

गुणों को अपने में धारण करते हुए यह कम्पन हमारे विचारों को किसी दूर देश स्थित व्यक्ति तक भी पहुँचा सकते हैं। यह भी कह सकते हैं कि यदि जीभ में अत्यन्त शक्तिशाली कम्पन उठा सकें तो भगवान् से भी बातें की जा सकती हैं। यही तो **'नाद सिद्धि'** है। योगदर्शनकार ने स्पष्ट ही कहा है **'जिह्वा मूले शब्द संविदिति'** अर्थात् जिह्वामूल में धारणा करने से शब्द चैतन्य हो जाता है।

ध्यान रहे, यह कम्पन अतिमन्द से अतितार सप्तक तक के क्षेत्र में उठा पाने से, स्थूल शरीर की सीमा को लाँघ कर हमारी भावना तथा लक्ष्यानुसार समष्टि में व्याप्त होना शुरू हो जाता है।

तीसरी विशेषता : ब्रह्मचर्य

जिह्वा का एक विशेष और सीधा सम्बन्ध ब्रह्मचर्य साधना अर्थात् वीर्य के ऊर्ध्वगमन के साथ भी है। साधकों में यह आम धारणा प्रचलित है कि खाने-पीने के मामले में जो अपनी जीभ को काबू नहीं कर सकेगा, वह उपस्थेन्द्रिय को तो कभी भी काबू नहीं कर सकेगा। इसीलिए कई सरल साधक तो 'अस्वाद' व्रत ही धारण कर लेते हैं। स्वादिष्ट पदार्थों का त्याग ही कर देते हैं या फिर मीठा-नमकीन सब कुछ एक में मिलाकर ही खाते हैं।

यदि एक व्यक्ति की किसी स्वादिष्ट पदार्थ को देखते ही लार टपकने लगती है, भूख न होने पर भी वह स्वाद के कारण जरूरत से ज्यादा खा लेता है और पौष्टिक व सुपाच्य पदार्थ यदि स्वादिष्ट न हो, तो अन्दर निगला नहीं जाता, ऐसी स्थिति में यही माना जायेगा कि उसकी जीभ बाहर के रसों के अधीन है अर्थात् उसकी प्राणशक्ति बहिर्मुखी है। निस्सन्देह ऐसा व्यक्ति उपस्थेन्द्रिय का संयम भी नहीं कर सकता। दूसरी ओर एक अन्तर्मुखी साधक की जीभ के रस जठराग्नि के अधीन रहते हैं, न कि स्वाद के। वह प्रत्येक उपयोगी सात्त्विक भोजन को रुचि और स्वाद से खाने की योग्यता रखता है।

यह तो ब्रह्मचर्य की साधना का एक पक्ष है कि साधक की इन्द्रियाँ बाह्य विषय पदार्थों के अधीन न हों, किन्तु बाहर के संयम रूपी बाँध के साथ-साथ शक्ति धारा को सुषुम्ना के पथ से सहस्रार तक ऊर्ध्व गति देना भी परम

आवश्यक है। उपस्थ तथा जिह्वा, इन दो इन्द्रियों का शक्ति की ऊर्ध्वगमन की साधना में विशेष महत्त्व है।

प्रसंग जिह्वा का ही चल रहा है। यदि इस जीभ में ही पूर्णरूपेण ऊर्ध्वमुखी शक्ति जाग्रत की जा सके, तो निस्संदेह ब्रह्मचर्य की साधना में पूर्ण सिद्धि प्राप्त की जा सकती है। इसके लिए एक साधन है जिह्वा तथा जिह्वामूल से नामामृत का पान तथा दूसरा है– खेचरी मुद्रा में स्थितिपूर्वक शक्ति धारा का मूलाधार से सहस्रार पर्यन्त निर्बाध प्रवाह। इन दोनों साधनाओं का समन्वय करके भी साधना की जा सकती है तथा इन दोनों का सम्मिलित रूप ही ज्ञान तथा योग अर्थात् मन तथा प्राण धाराओं को एकीकृत करने का पथ प्रशस्त करता है। निस्सन्देह बिना प्रत्यक्ष मार्गदर्शन के इन साधनाओं में सफलता प्राप्त करना अति कठिन है। अत: अभी तो हम जीभ की उन क्रियाओं की चर्चा करेंगे, जिनसे इन विशेष साधनाओं को करने की शक्ति अर्जित की जा सके।

चौथी विशेषता : सुरक्षा कवच

यह शरीर एक किले की तरह है। मुख इसका मुख्य द्वार है और जिह्वा इस द्वार का ताला। राशन-पानी को इस मुख्य द्वार से अन्दर करके बाकी समय इसे ताला लगाकर बन्द रखना ही उचित रहता है। नहीं तो दूषित हवा ही नहीं क्रिया-प्रतिक्रियात्मक अनात्म संस्कारों का भी अन्दर प्रवेश हो सकता है। अनजाने में ही जीवनी शक्ति का अनावश्यक बिखराव होता है।

हमारे शरीर में दो शक्ति धाराएँ प्रवाहित रहती हैं। एक धारा मूलाधार से ऊपर उठती हुई पीठ (पश्चिम) के पथ द्वारा मस्तक से होती हुई मुख में तालु तक तथा दूसरी धारा जीभ के अग्र भाग (पूर्व पथ) से नीचे मूलाधार तक। यदि जीभ के सिरे को पूरा पीछे करके ऊपर तालु के साथ जोड़े रख सकें, तो यह दोनों धाराएँ मिलकर शरीर रूपी किले के लिए सुरक्षा कवच का कार्य करेंगी। जीभ की समस्त क्रियाओं की पूर्णता तो खेचरी मुद्रा की सिद्धि में ही होती है, किन्तु यह दुर्लभ क्रिया उन्हीं को पूरा लाभ देने वाली हैं, जो पूर्णरूपेण साधना में ही समर्पित जीवन व्यतीत करते हैं। इसलिए यहाँ हम प्राय: उन्हीं क्रियाओं की चर्चा करेंगे, जिन्हें कोई भी व्यक्ति आसानी से कर सके। जिन क्रियाओं से स्वास्थ्य तथा अन्तर्मुखता की सहज प्राप्ति हो।

(क) शोधन क्रियाएँ

1. जिह्वा तथा मुख शुद्धि

आज से कुछ समय पूर्व तक अनुभवी चिकित्सक आपकी जीभ देखकर ही आपकी सेहत का हाल बता देते थे। यद्यपि आजकल यह अभ्यास प्रचार में नहीं है, लेकिन सिद्धान्त आज भी वही है। एक स्वस्थ शरीर की पहचान है– चमकती हुई गुलाबी जीभ। यदि जीभ पर मैल जमी है या जीभ खुरदुरी है, तो इसका सीधा-सा मतलब है कि शरीर रोगी है। इसलिए जिह्वा का ध्यान रखना बहुत आवश्यक है। इसी प्रकार मुख में दाँतों का महत्त्व भी कम नहीं है। चमकदार और मजबूत दाँत मुख की शोभा ही नहीं बढ़ाते बल्कि भोजन पचाने की प्रक्रिया में महत्त्वपूर्ण भूमिका निभाते हैं। यदि दाँतों का सही प्रयोग न हो तो कब्ज, वायु विकार, अग्नि मन्दता आदि अनेक रोग खड़े हो जाते हैं। इसलिए इन्हें भी स्वस्थ रखना अत्यावश्यक है।

सामान्यतया दातुन या मंजन से दाँतों की सफाई करने की आदत तो अधिकतर लोगों में है, किन्तु बहुधा लोग अपनी जीभ की सफाई पर विशेष ध्यान नहीं देते। शीशे में अपना चेहरा तो चाहे दिन में कई बार देख लें, किन्तु जीभ की हालत पर कभी नजर नहीं डालते। अच्छी तरह से साफ न करने की हालत में जीभ पर मैल छायी रहती है। यह मैल जीभ से निकल रहे पाचक रसों के पथ को अवरुद्ध करती है और फिर पेट के अन्दर जाकर अपना दुष्प्रभाव पैदा करती है। इसलिए प्रत्येक बार कुछ भी खाने के बाद दाँत, मसूढ़े और जीभ को पानी से भली प्रकार अवश्य साफ करें।

यदि आप सुबह, दोपहर, शाम तीन समय मुख शुद्धि कर सकें, तो बेहतर होगा अथवा कम से कम सुबह और रात को तो अवश्य ही करें। आजकल ब्रुश की सभ्यता ने मसूढ़ों और जीभ की सफाई को गौण कर दिया है, क्योंकि इसके लिए आपको अपनी अँगुलियों का ही प्रयोग करना पड़ता है। ध्यान रखें, मंजन करने के बाद ब्रुश अथवा दातुन को अपनी जीभ पर भी अच्छी तरह से फेरें। जहाँ तक हो सके धातु की जीभी (tongue cleaner) का प्रयोग न करें। इसके बाद दो अँगुलियों से जीभ को मुख के अन्दर पीछे तक ले जाकर धीरे-धीरे मलें। इसी प्रकार मसूढ़ों की भी अच्छे से मालिश करें। यदि सम्भव हो तो थोड़ा-सा सरसों का तेल और सेंधा नमक या हल्दी मिलाकर उससे मसूढ़ों और दाँतों की अच्छे से मालिश करें।

2. जिह्वा तथा मुख चालन

इन क्रियाओं से पूर्व शरीर को श्वास आदि की कुछ [illegible] के द्वारा गर्म अवश्य कर लें। अब मुख को पूरा खोल लें और पूरी क्रिया में खुला ही रखें। जीभ को पूरे जोरों से बाहर नीचे की ओर खींचे।

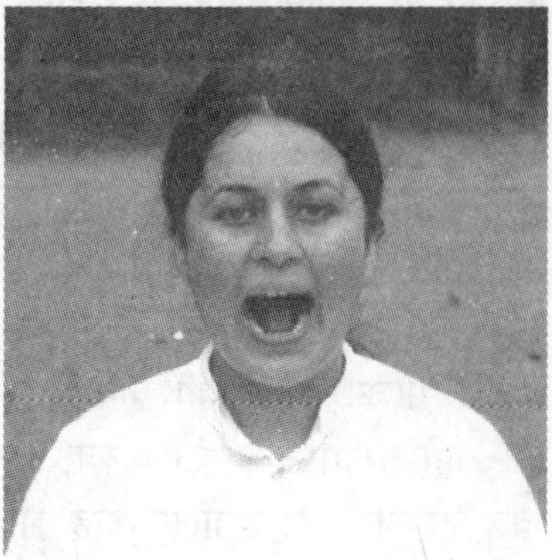

अपनी सामर्थ्यानुसार पूरा जोर लगायें, जिससे कि गले ही नहीं, छाती तक भी खिंचाव महसूस हो। फिर इसी प्रकार जीभ को भीतर खींचते हुए ऊपर तालु के साथ पूरा कसके स्पर्श करें। इस प्रकार बारी-बारी से जीभ को अन्दर-बाहर करते जायें और मुख खुला ही रहे। यदि कर सकें तो साथ ही साथ अश्विनी मुद्रा (गुदा का कसना और ढीला छोड़ना) भी करते जायें। इस प्रकार 10 से 20 बार करके मुख खुला और जीभ बाहर रखते हुए एक लम्बा श्वास मुख से ही अन्दर भरें और साथ ही रस का घूँट भरते हुए मुख बन्द कर लें। अपनी सामर्थ्यानुसार श्वास अन्दर ही रोके रखें। फिर धीरे-धीरे नाक से श्वास निकाल दें। इस पूरी क्रिया को 2-3 बार भी दुहराया जा सकता है।

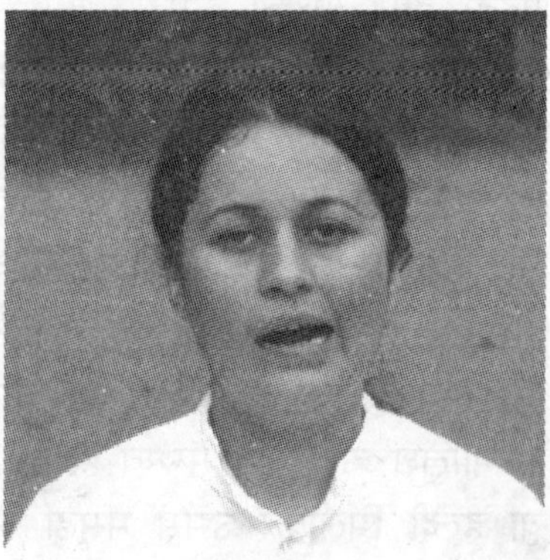

अब मुख चालन के लिए निचले जबड़े को ढीला करके और मुख को थोड़ा-सा खोल कर बारी-बारी दायें से बायें और बायें से दायें चलाते जायें। 10 से 20 बार या सुविधानुसार करें। इसी प्रकार से आगे-पीछे गति करें।

3. मुखांगों की बाह्य मालिश

पहले दाँतो से शुरू करते हैं। ऊपर-नीचे के दाँतों को परस्पर कट-कट की आवाज करते हुए कसें और ढीला छोड़ें। बार-बार एक निश्चित तालबद्ध गति से करें जिससे कि दाँतों में ही नहीं, मस्तक तक में सूक्ष्म कम्पनों की धारा चल पड़े। इससे आपका तनाव भी कम होगा और जो बिना मतलब के गुस्सा आता रहता है, उससे भी छुट्टी मिलेगी। दाँतों की वर्जिश तो होगी ही। इस प्रकार से 20-20 बार क्रमशः दायीं ओर फिर बायीं ओर और फिर सामने के दाँतों को आपस में किटकिटाने की आवाज करते हुए चलायें।

अब हाथों को मलकर गर्म कर लें और साथ ही मुँह बन्द करके दाँतों को जोड़ लें। सभी अंगुलियों को ढीले से जोड़कर, तर्जनी अँगुली से बार-बार हल्की थपकी देते हुए मसूढ़ों की मालिश करें। दायीं तरफ से शुरू करके बायीं तरफ और फिर नीचे से ऊपर तक सारे मसूढ़ों पर दस्तक दें।

इसके बाद दाँतों को परस्पर जोड़कर रखते हुए और मुंह को बन्द ही रखते हुए दोनों हथेलियों से निचले जबड़ों पर दबाव देते हुए ऊपर उठाने का उपक्रम करें, ज़बकि मुख का जोर लगाकर उसे अपनी स्थिति में ही रखें। इस प्रकार से जबड़ों की भली प्रकार से मालिश हो जायेगी।

4. मुखांगों की आन्तरिक मालिश

मुख बन्द रखते हुए जीभ को होंठों के अन्दर और दाँतों के बाहर फँसाकर सब ओर घुमायें। जीभ का दबाव बनाते हुए सारे मसूढ़ों की अच्छी तरह से मालिश करें और फिर इसी प्रकार जीभ को दाँतों के पीछे रखकर, पीछे से भी मसूढ़ों की मालिश करें। ऐसा करने से मुख में लार बननी शुरू हो जायेगी। अभी रुकें नहीं और न ही लार को निगलने की कोशिश करें, बल्कि जबड़ों को इस प्रकार की गति दें जैसे लार को चबा रहे हों। इससे पाचक रस अच्छी तरह से मुख में एकत्र हो जायेंगे। जब मुख भर जाये, तो मुख में एकत्र लार को एक घूँट भरकर अन्दर निगल लें। इसके साथ ही साथ यदि आप श्वास का भी घूँट भरेंगे तो जहाँ तक चाहेंगे, वहाँ तक प्राण वायु का प्रवेश सहजता से हो जायेगा।

एक विशेष प्रयोग :- मुख तथा कण्ठ की गहराई से मालिश करने के लिए तथा उसकी सारी अशुद्धियाँ और गर्मी दूर करने के लिए एक बहुत प्रभावशाली प्रयोग है। इसके लिए मुख में पानी भर लें और फिर जैसे कुल्ला करने के लिए पानी को मुख में घुमाते हैं, वैसे ही करें। लेकिन विशेष बात यह है पानी को मुँह में कम से कम दो मिनट तक चलाते ही जाना है। जब पानी पूरा गर्म हो जाये तो उसे बाहर कुल्ला कर दें। गले अथवा मुख के विकार तथा टांसिल्स आदि के लिए यह बहुत असरकारी क्रिया है।

(ख) शक्ति क्रियाएँ

1. जिह्वा स्तम्भन

यह क्रियाएँ जिह्वा की शक्ति बढ़ाने में अत्यन्त उपयोगी हैं। इनमें जिह्वा को बाहरी दबाव के द्वारा स्तम्भित करने का प्रयास किया जाता है। दबाव डालने के लिए प्राय: हाथ की अँगुलियों की सहायता ली जाती है। यदि आप चाहें तो अँगुली के स्थान पर सेब-सन्तरा आदि कोई फल धागे से बाँधकर लटका दें और फिर जीभ के जोर से उस फल को हटाने की कोशिश करें।

सबसे पहले मुँह खोलकर जीभ को बाहर होंठों तक लाकर स्वेच्छानुसार किसी भी हाथ की एक या दो अँगुलियों को जीभ के ऊपर ही टिका लें। अब दोनों का विपरीत जोर लगायें अर्थात् अँगुलियों का दबाव नीचे की ओर तथा जिह्वा का दबाव ऊपर की ओर। इतना जोर लगायें कि जीभ तथा अँगुलियाँ ही नहीं, मस्तक तक काँप उठे, लेकिन फिर भी अंगुलियाँ और जीभ दोनों ही अपनी जगह से विचलित न हों। ध्यान रखें कि जीभ दाँतों से चोटिल न हो जाये। इसके लिए जीभ तथा अंगुली का दबाव बराबर होना चाहिए।

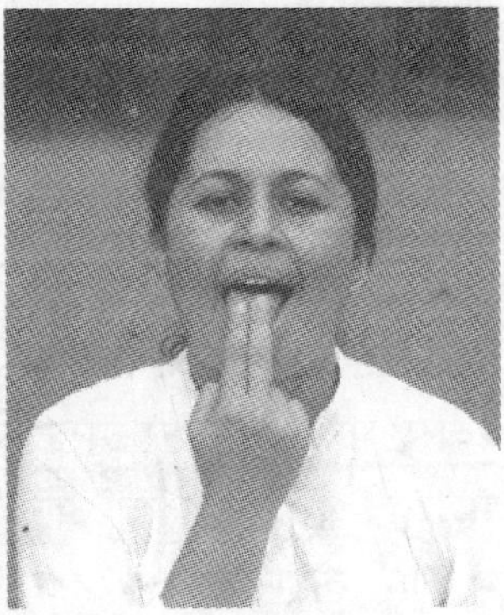

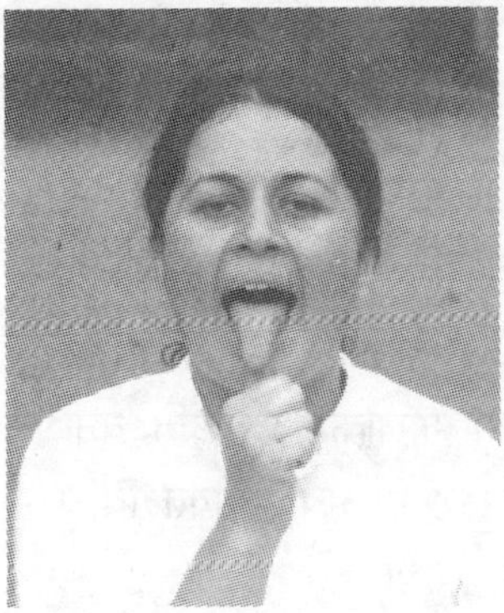

अगली क्रिया में जिह्वा को पूरी तरह मुख से बाहर निकाल कर नीचे ठोड़ी के साथ चिपका दें। जिह्वा इतनी बाहर निकल आये कि उसका सिरा नुकीला हो जाये और कसाव इतना हो कि जीभ बिल्कुल अकड़ी हुई ही रहे। अब जिह्वा का दबाव नीचे की ओर देते हुए अँगुली से जीभ ऊपर उठाने की कोशिश करें। जिह्वा तथा अँगुली दोनों का दबाव बराबर होना चाहिए।

तीसरी क्रिया में जीभ को ऊपर नासिका के साथ लगा दें और फिर अँगुली से उस पर नीचे की ओर दबाव दें। जीभ का विपरीत दबाव बना रहे। इसी प्रकार दायीं और बायीं ओर से भी जिह्वा पर दबाव डाला जा सकता है। इन क्रियाओं से वाणी में शुद्धता आयेगी। जो बच्चे तुतलाकर बोलते हैं, उनके लिए तो यह सारी क्रियाएँ बहुत ही उपयोगी हैं।

2. स्वर नाद

वाणी में वेग भरने के लिए और इस वेग को भीतर उलटाने के लिए हम स्वर नाद का प्रयोग करेंगे। दुनिया में जितनी भी ध्वनियाँ हैं, मूलतः 'अ' 'इ' और 'उ' इन तीन मूल स्वरों के संयोग से ही बनती हैं। इनके विधिवत् उच्चारण से भीतर का पथ खोलना सहज हो जाता है।

इसके लिए सर्वप्रथम जीभ को पूरा बाहर निकाल कर, नाक से पूरा श्वास भरें और फिर मुख से 'आआआआ...' का दीर्घ उच्चारण करें। याद रहे मुख पूरा खुला रहे और 'आ' का स्पष्ट उच्चारण हो। प्रायः इस अवस्था में 'ए' का उच्चारण होता है। अतः पूरे ध्यान से इस क्रिया को करेंगे। उच्चारण जितना लम्बा होगा, उतना ही अच्छा और उच्चारण करते समय नाभि का निचला हिस्सा, मूलाधार तक अन्दर की ओर खींचते जायें। जिन्हें स्वर का बोध है वह मन्द्र सप्तक के स्वरों से प्रारम्भ करके तार सप्तक तक ले जायें। प्रारम्भ में 5-7 बार ही करें।

अब अगली क्रिया में मुख बन्द कर लें और पिछली दाढ़ों को कसकर जोड़ लें। जीभ को दाँतों के भीतर या ऊपर तालु से लगा लें। अब पहले की विधि से ही श्वास छोड़ते हुए 'ईईईईई...' ऐसा उच्चारण करना है।

'ऊ' का उच्चारण करने के लिए होंठो की गोलाकार आकृति बना लें और जीभ को होंठो के बीच या तालु से लगाकर रखें। अब पूर्वोक्त विधि से ही 'ऊऊऊऊ...' का दीर्घ उच्चारण करें। इस क्रिया के बाद कुछ समय मस्तक के भीतर इन स्वरों की गूँज सुनते हुए ध्यान अवश्य करें।

◈◈◈

नाड़ी-संस्थान के विकास की कुछ विशेष क्रियाएँ

8

घ्राण, नेत्र, कर्ण और जिह्वा इन सभी इन्द्रियों के विकास की क्रियाएँ तो हमने सीख लीं, लेकिन अभी त्वगीन्द्रिय अथवा स्पर्श संज्ञान के विकास की चर्चा हमने नहीं की है। सामान्य रूप से स्पर्श संज्ञान का आधार है– हमारी त्वचा। किन्तु इसके पीछे स्नायु और तन्त्रिका तन्त्र का जो जाल बिछा हुआ है, वस्तुतः स्पर्श की अनुभूति कराने में उसकी भूमिका अत्यन्त महत्त्वपूर्ण है। इनके द्वारा ही किसी भी स्पर्श की सूचना मस्तिष्क तक पहुँचती है, जो इनके द्वारा अंग विशेष को उपयुक्त प्रतिक्रिया का निर्देश देता है।

वार्द्धक्य के साथ-साथ स्नायु सख़्त होते जाते हैं और नाड़ियों की लचक भी घटती जाती है। साथ ही अनुचित आहार-विहार के कारण शरीर में दूषित पदार्थों का जमाव भी स्थान-स्थान पर होने लगता है। इसके साथ ही बहिर्मुखता के कारण मस्तिष्क भी तनावग्रस्त रहता है, जिसका सीधा प्रभाव उसकी कार्यक्षमता पर पड़ता है।

स्थूल स्तर पर सूचना प्रसारण की यह प्रक्रिया निश्चित ही अत्यन्त महत्त्वपूर्ण है, किन्तु इसके साथ-साथ सूक्ष्म स्तर पर प्राणों की गति भी होती रहती है। यदि प्राणों की गति में अवरोध आ जाये तो, वहाँ पर ग्रन्थि अथवा रोग पैदा होने लगता है। शरीर में प्राणों की गति सूक्ष्म प्राणवाहिनी नाड़ियों के द्वारा होती है, जिनकी संख्या प्रायः 72 करोड़ बतायी जाती है।

इन सूक्ष्म नाड़ियों का अनुभव तो दूर की बात है, प्रायः जीव को अपने स्थूल शरीर के अन्दर चल रही गतिविधियों का ही पता नहीं लगने पाता। मन बाह्य पदार्थों में इस कदर उलझा रहता है कि अपने शरीर की सुविधा या असुविधा का भी भान नहीं होता। युवावस्था में जब तक शरीर में ऊर्जा है, हम अपने शरीर और मन की अनदेखी करते रहते हैं। फिर जब बुढ़ापे में शरीर और मन दोनों ही हिम्मत हार बैठते हैं, तो हम प्रारब्ध को दोष देने लगते हैं।

शरीर के इन विभिन्न तन्त्रों में प्राण तथा रक्त का प्रवाह मस्तिष्कपर्यन्त पुनः सुचारित करने तथा मल के निवारण हेतु कुछ अत्यन्त सरल क्रियाएँ आश्रम में प्रयोग करते हैं, जिनकी चर्चा हम यहाँ पर करने जा रहे हैं।

1. लयबद्ध करतल ध्वनि

वर्तमान युग में एक्यूप्रेशर के पर्याप्त प्रचार के कारण प्रायः सभी यह जानते हैं कि हमारे हाथ और पैर एक प्रकार से पूरे शरीर के स्विच बोर्ड हैं। हाथों और पैरों में शरीर के समस्त अंगों के केन्द्र हैं, जिनके द्वारा हम उस अंग विशेष तक प्राणों की गति को संचालित तथा सुचारित कर सकते हैं। इसका कारण स्पष्ट है कि हाथ एवं पैर शरीर के अन्तिम सिरे पर स्थित हैं और शरीर की समस्त नाड़ियों का एक सिरा इन हाथों और पैरों में आकर मिलता है। यदि हम इन सिरों में ऊर्जा प्रवाहित कर सकें, तो वह आगे से आगे शरीर की समस्त नस-नाड़ियों में ही नहीं, अंग-प्रत्यंग में भी फैलती जायेगी। इस उत्तरोत्तर आगे बढ़ते वेग के मार्ग में जो भी कोई रुकावट आयेगी वह दूर होती जायेगी। इस प्रकार न केवल नस-नाड़ियों में जमा मल दूर होगा बल्कि उनमें चेतना का संचार भी होगा। इसका सरल-सा साधन है– करतल

ध्वनि अथवा ताली। जब हम दोनों हाथों को बिल्कुल ढीला रखते हुए परस्पर आघात करते हैं, तो हाथों के सारे केन्द्रों में एक झंकार या कम्पनों की लहर-सी पैदा होती है। यह लहर उत्तरोत्तर बढ़ते हुए शरीर में फैलती जाती है और नाड़ियों को खोलती जाती है। विशेष ध्यान रहे कि इस क्रिया को करते समय शरीर बिल्कुल ढीला रहे बल्कि साथ ही झूमता रहे तो अत्युत्तम।

इस क्रिया में एक और विशेषता जोड़ी जा सकती है और वह है– लय। यदि कोई धुन लगाते हुए ताली एक लय में बजायी जाये, तो और भी अच्छा है। कारण यह है कि हमारे मस्तिष्क का एक बड़ा हिस्सा हाथों और होठों की गति का संचालन करता है। जब हम गाते हुए एक लय में ताली बजाते हैं, तो स्वाभाविक ही मस्तिष्क का अधिकाधिक योगदान इस क्रिया में होता है। परिणामस्वरूप मन एकाग्र होता है और प्राणऊर्जा गहरे स्तरों तक भीतर प्रवेश करने में सक्षम हो जाती है। प्रारम्भ में 2-3 मिनट से प्रारम्भ करके धीरे-धीरे 5 से 10 मिनट तक समय बढ़ाते जायें। इस बात का अवश्य ध्यान रहे कि इस क्रिया का समापन सदैव ध्यान में किया जाये। इसके लिए हाथों को खोलकर अपने घुटनों पर या गोद में रख लें और उनसे उठ रहे कम्पनों पर अपना ध्यान केन्द्रित कर दें।

अनेक प्रयोगों द्वारा यह पाया गया है कि इस प्रकार की लयबद्ध ताली न केवल मन की एकाग्रता बढ़ाती है बल्कि मस्तिष्क की कार्यक्षमता में भी वृद्धि करती है। अनेक मन्दबुद्धि बच्चों पर इस लयबद्ध करतल ध्वनि के प्रयोग से देखा गया कि उनकी सीखने की क्षमता तथा शरीर के विभिन्न अंगों

के साथ मस्तिष्क का तालमेल अपेक्षाकृत अधिक सुचारित तथा सुदृढ़ हो गया। सामान्य विद्यार्थियों पर भी इसका आशानुरूप परिणाम प्राप्त हुआ है।

2. पदतल ध्वनि

करतल ध्वनि तो सामान्य रूप से देशकाल की सीमाओं से पार सर्वत्र प्रचलित है। मात्र कीर्तन-भजन में ही नहीं, सभाओं-गोष्ठियों अथवा खेल-तमाशों में भी इसका खुलकर प्रयोग होता है। एक छोटा बच्चा भी अनायास ही अपनी प्रसन्नता अथवा उत्साह का प्रदर्शन ताली बजाकर करता है। किन्तु आश्रम में पदतल ध्वनि के कुछ विशेष प्रयोग करके देखे गये और उनके परिणाम आशानुरूप तथा अत्यन्त उत्साहवर्द्धक रहे।

जैसा कि पहले ही कह चुके हैं कि हमारे शरीर की नस-नाड़ियों का एक सिरा पैरों में भी मिलता है, इस कारण पैरों की ताली के प्रभाव का सहज ही अनुमान लगाया जा सकता है। इसके साथ-साथ एक आध्यात्मिक रहस्य भी इसमें जुड़ा हुआ है, जो इस क्रिया को और भी अधिक प्रभावशाली बनाता है। प्रायः वार्द्धक्य के साथ-साथ हमारी चेतना स्थूल स्तर से उठती जाती है। शरीर कमजोर होता जाता है और इन्द्रियों की क्षमता घटती जाती है। बुढ़ापे का एक विशेष लक्षण है– कमर का झुकना, घुटनों का दुखना, पैरों का सुन्न हो जाना या सो जाना। इसका एक बहुत बड़ा कारण यह भी है कि क्रमशः प्राणऊर्जा के वेग में कमी होते जाने के कारण शरीर के निचले सिरे तक उसका प्रवाह कम होता जाता है।

पैरों की इस ताली के प्रयोग से शरीर के निम्नतम सिरे तक प्राणऊर्जा का प्रवाह पुनः वेगवान हो जाता है और साथ ही हमारी चेतना भी पूरे शरीर में फैल जाती है। हमारे पैर अधिक संवेदनशील हो जाते हैं अर्थात् उनका मस्तिष्क के साथ सम्बन्ध अधिक सुदृढ़ हो जाता है।

(1) इसके लिए सर्वप्रथम हम हाथों की भाँति ही पैरों के तलों का परस्पर आघात करते हैं। सावधानी यह रखनी है कि एड़ियाँ परस्पर न टकराने पायें अन्यथा चोट लगने की सम्भावना है। एक पैर का सिरा दूसरे पैर के बीच के भाग पर पड़े। यदि आप सहजता से बैठकर पैरों को गति दे सकें, तो अत्युत्तम अन्यथा आप हाथों का सहारा भी ले सकते हैं। यदि फिर भी सन्तुलन न बन पाये, तो दोनों टखनों को हाथों से पकड़ कर पैरों को गति दे सकते हैं। पहले दायें पैर से बायें के मध्य में आघात करते हैं।

(2) इसी प्रकार पैर बदल कर अब विपरीत दायें पैर के मध्य भाग में बड़ी ही सावधानी के साथ पूर्ववत् आघात करें। दोनों पैरों से लगभग 10-10 बार आघात करें।

(3) अब दायें पैर के तलवे से बायें पैर के किनारे (side blade) पर आघात करते हैं। इसके लिए बायें पैर को अपनी जगह पर स्थिर रखते हुए दायें पैर से उस पर चोट करते जायें।

(4) पुनः पैर बदलकर बायें पैर के तलवे से दायें पैर के किनारे पर चोट करें। इस क्रिया को भी 10-10 बार करें।

(5) अगली क्रिया प्रारम्भ में कुछ मुश्किल लग सकती है, फिर भी अपनी ओर से प्रयास करें। नियमित अभ्यास से यह सहज भी हो जायेगी। इसमें दोनों पैरों की पीठ से आपस में आघात करते हुए ताली बजानी है। ध्यान रहे, जिस प्रकार हाथों की ताली से आवाज आती है, उसी प्रकार पैरों से भी ताली की आवाज आनी चाहिए।

इसके उपरान्त कुछ समय के लिए टाँगों को फैलाकर उनकी अच्छे से मालिश कर लें और जहाँ कहीं भी कसाव या खिंचाव पड़ा, हो उसे हाथ के स्पर्श से दूर कर लें।

◈◈◈

(भाग–3)

योगमय जीवन और जीवन में योग

चलते-फिरते योग

9

अब तक की चर्चा से यह तो स्पष्ट हो ही गया है कि योग का अर्थ मात्र आसन-प्राणायाम ही नहीं है और न ही योग का अर्थ है, कुछ अलग से करना। वस्तुतः योग का सीधा, सरल-सा अर्थ है, अपने शरीर-मन-आत्मा से जुड़ना। इसके लिए जब तक हम अपने जीवन के सामान्य क्रियाकलापों को करते हुए इस योग अर्थात् इस सम्बन्ध को बनाये नहीं रख सकेंगे, तब तक हमारा योगाभ्यास अधूरा ही रहेगा। मात्र एक-दो घण्टे से बात नहीं बनने वाली, यह कुछ घण्टे तो हमें यह बताने के लिए हैं कि इस शरीर के भीतर भी एक यात्रा हमारी प्रतीक्षा कर रही है। वस्तुतः उस यात्रा पर चलना तो हमें बाकी के 22-23 घण्टों में ही है।

चलते-फिरते, बैठते-उठते, झुकते-उछलते, खेलते-खिलखिलाते, काम करते या आराम करते, मन्दिर में या टिकट खिड़की पर, हर पल हर जगह हमें यह जागृति बनाकर रखनी होगी। मात्र योगक्रिया ही नहीं वरन् जीवन की हर क्रिया में योग बनाये रखना होगा। यही इस पुस्तक का और समस्त योग साधनाओं का लक्ष्य है। इसीलिए इस अध्याय में हम देखेंगे कि हमारा उठना, बैठना, खड़ा होना और चलना किस प्रकार का हो, जिससे हमें भीतर से जुड़ने में मदद मिले। इसी के साथ जो संजीवनी श्वास हमने भरना सीखा है, उसका प्रयोग सामान्य जीवन में पल-पल श्वास लेते हुए कैसे करना है।

प्रायः अनेक लोग **सहज मार्ग** अथवा **सहज योग** के नाम पर आसान तरीके ढूँढते मिल जाते हैं, किन्तु सहज का अर्थ आसान नहीं है। सहज का अर्थ है– जो हमारी प्रकृति और हमारे स्वभाव के अनुरूप हो। स्पष्ट रूप से अपने स्वभाव को समझने के लिए सर्वप्रथम हमें अपने स्वरूप को समझना

होगा, अपने शरीर और अपने मन को समझना होगा। शरीर और मन को समझ कर ही हम इनसे पार जाकर अपने मूल स्वभाव तक पहुँच सकेंगे और उसे समझ सकेंगे। वस्तुतः जीव तो सच्चिदानन्द परमात्मा का ही अंश है। इसलिए जीव का स्वभाव भी सत्+चित्+आनन्द से ही निर्मित है। यदि हम इस तथ्य को समझ सकें, तो यह समझना सरल हो जायेगा कि जो हम दिन-रात सुख की खोज में दौड़ रहे हैं, उसका कारण है कि सुख हमारा स्वभाव है और उसके बिना हम रह ही नहीं सकते। समस्या इतनी ही है कि अभी हमारा सुख बाहर है, इसलिए हम बाहर को खोज कर रहे हैं, जबकि सुख हमारे भीतर है। तो आइए! श्वासों की डोर को पकड़ कर हम भी चलें भीतर की इस सुखद यात्रा पर, शरीर से भी आगे मन में और मन के भी मूल में स्थित अपनी आत्मा में।

श्वास ठीक करने की सरल विधि

हमारे शरीर में श्वास ही एक ऐसा माध्यम है, जो मात्र स्थूल ही नहीं वरन् सूक्ष्म स्तरों पर भी सतत् कार्यरत है। इसकी परीक्षा के लिए आप कुछ उदाहरण ले सकते हैं। जैसे जब भी कभी हम शारीरिक बल का प्रयोग करते हैं, श्वास की गति बदल जाती है। दौड़ते समय, भार उठाते समय, जोर का काम करते समय स्वाभाविक ही श्वास तीव्र हो जाता है। इसी प्रकार मन की अवस्था भी हमारी श्वास को सीधा ही प्रभावित करती है। जब भी कभी मन उद्विग्न अथवा क्रोध या आवेश में होता है, तो श्वास चाल तेज और उथली हो जाती है और जिस समय मन निराशा या भय से सिकुड़ा होता है, तो श्वास रुक-रुक कर टूटी हुई-सी चलती है। इसी प्रकार गहरी निद्रा या ध्यान के समय, जब हम अपनी अन्तरात्मा से सम्बन्ध जोड़ने का प्रयास करते हैं, श्वास की चाल सर्वथा विलक्षण होती है।

जिस प्रकार शरीर अथवा मन की अवस्था हमारी श्वास की चाल तथा गहराई को प्रभावित करती है, उसी नियम के अनुसार हमारी श्वास हमारे मन तथा शरीर को प्रभावित करती है। वस्तुतः हमारे शरीर और मन की प्रत्येक गति प्राणों के अधीन है और प्राणों का सीधा सम्बन्ध श्वासों के साथ है। प्रारम्भिक चर्चा में हमने यह जान ही लिया है कि सामान्यतः प्रत्येक प्राणी अधूरा और उथला श्वास ही भरता है। इसके सुधार के लिए हमने अनेक क्रियाएँ भी सीखी हैं। यह क्रियाएँ भले ही पढ़ने-सुनने में सरल लगें, किन्तु

वस्तुतः श्वासों को ठीक करना इतना सरल नहीं है। कुछ देर के लिए पूरा ध्यान लगाकर हम थोड़ा-बहुत ठीक कर भी लें, किन्तु सामान्य दिनचर्या में उसका पूरा उपयोग नहीं हो पाता। आवश्यकता तो इस बात की है कि हमारा श्वास चलते-फिरते काम करते हुए भी पूरा गहरा हो। इसके लिए यहाँ पर कुछ सरल-सी क्रियाओं का वर्णन किया जा रहा है, जिनको कोई भी व्यक्ति सहज ही समझ कर अपना सकता है। इन क्रियाओं में मुख्य सूत्र इतना ही है कि बिना जोर लगाये शरीर की सामान्य चाल को ही सुधारना है।

श्वास को गहरा तथा लम्बा करने के लिए बैठ कर या खड़े होकर क्रिया करने में समस्या यह है कि शरीर सहज नहीं हो पाता। इसलिए हम प्रारम्भ में लेट कर श्वास को ठीक करेंगे।

शवासन में लेटकर पेट के ऊपर एक-डेढ़ किलो वजन का भार (कोई पुस्तक या थैली) रख लें। नाभि उस वस्तु के केन्द्र में रहे। अब सहजता के साथ लेटे हुए अपनी नाभि पर ध्यान केन्द्रित कर लें। आपको स्पष्ट अनुभव होगा कि श्वास भरते हुए पेट ऊपर उठता है और श्वास छोड़ते समय ढीला होकर वापस नीचे आ जाता है। दिन में जब भी मौका मिले और पेट खाली हो, इस गति में डूबते जायें। एक बार में 10 से 20 मिनट लगायें।

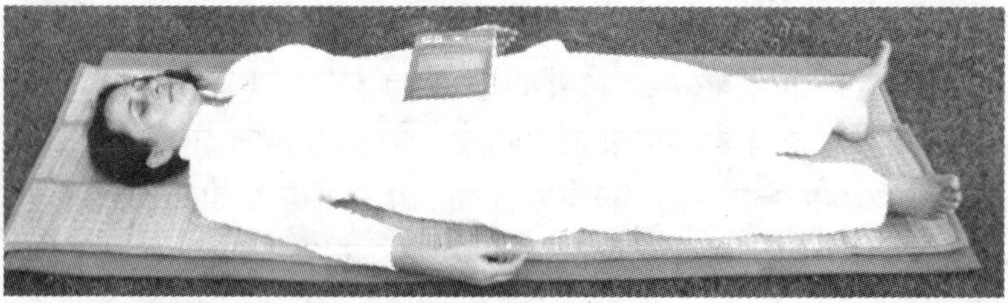

किताब आदि के भार के कारण आपको नाभि पर ध्यान टिकाना आसान हो जायेगा और श्वास भी स्वाभाविक ही ठीक चलेगी। जब यह अवस्था सहज हो जाये तो, आप किताब के स्थान पर हाथ भी रख सकते हैं। जब हाथ के साथ भी आपको नाभि में श्वास का पूरा पता लगने लगे, तो अब बायाँ हाथ छाती के केन्द्र पर रख लें और दाहिना हाथ वहीं पर रहने दें। अब नाभि के साथ-साथ छाती में भी श्वास का अनुभव करें। हमारे मन और मस्तिष्क में बिल्कुल स्पष्ट हो जाना चाहिए कि पूरा श्वास भरते समय शरीर के किसी अंग अथवा भाग में कैसी गति होती है।

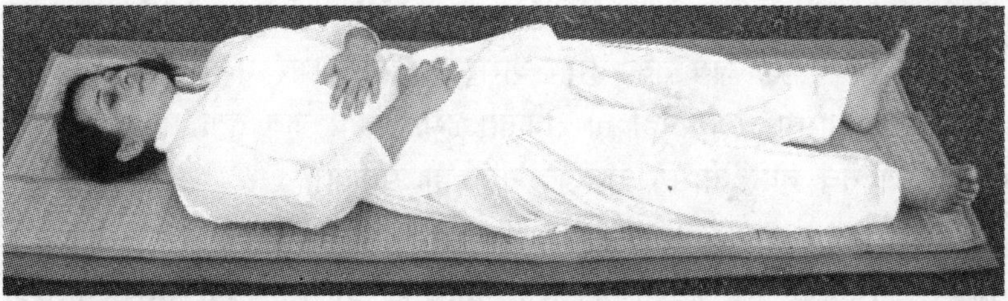

धीरे-धीरे हम बैठ कर भी पेट और छाती पर इसी प्रकार से हाथ रखकर अभ्यास कर सकते हैं। निरन्तर अभ्यास से हमारे शरीर को सही श्वास लेने की एक प्रकार से आदत ही पड़ जायेगी।

बैठने का सही तरीका

सम्भव है कि आपको सुनने में कुछ विचित्र लगे, किन्तु यह एक कटु सत्य है कि अधिकांश लोगों को बैठने का सही तरीका ही नहीं मालूम। इसका प्रमाण है, नयी पीढ़ी में बढ़ रही कमर और पीठ के दर्द की समस्या।

जिस प्रकार किसी भी वस्तु अथवा वाहन का एक गुरुत्व केन्द्र होता है। जब तक यह केन्द्र धरती के साथ समानान्तर अवस्था में रहता है, वस्तु अथवा वाहन का सन्तुलन बना रहता है। इस केन्द्र के थोड़ा भी हिलने से पूरा वाहन हिल जाता है और अधिक विस्थापन की अवस्था में वाहन पलट जाता है। इसी प्रकार मानव शरीर में भी एक गुरुत्व केन्द्र है। इसे धरती के साथ समानान्तर रखकर ही हम इस शरीर को भली प्रकार से चला सकते हैं। अन्यथा इसमें भी विक्षेप, तनाव, दर्द, रोग आदि के रूप में असन्तुलन उत्पन्न हो सकता है।

मानव शरीर के गुरुत्व केन्द्र को आध्यात्मिक भाषा में मूलाधार कहते हैं। यह लिंग तथा गुदा के बीच की सीवनी नाड़ी के मध्य बिन्दु से चार अँगुल भीतर ऊपर या अन्दर की ओर केन्द्रित है। यदि हम पीठ सीधी करके इस प्रकार बैठें कि सीवनी नाड़ी धरती पर लगी रहे, तो यह केन्द्र धरती के समानान्तर होगा। इसकी एक और पहचान यह भी है कि यदि हम अपने दोनों हाथ नितम्ब के नीचे रखकर बैठें, तो हमें एक हड्डी की चुभन का अनुभव होगा। यदि इस हड्डी का सिरा धरती पर है, तो स्वाभाविक ही रीढ़ की हड्डी सीधी होगी और शरीर का सारा भार मूलाधार पर केन्द्रित होगा।

यहाँ पर योगसूत्रों का एक रहस्य हमें अच्छी तरह से समझ लेना है। आसनों की चर्चा करते हुए पतंजलि ऋषि कहते हैं– **''स्थिरसुखं आसनम्''**

अर्थात् 'आसन के मुख्य लक्षण हैं, स्थिरता और सुख।' पूर्व में की गयी चर्चा से स्पष्ट ही है कि जब तक हमारे शरीर का सारा भार मूलाधार पर केन्द्रित नहीं होता, आसन स्थिर नहीं हो सकता। इसी प्रकार जब तक मेरुदण्ड सीधा नहीं होता तब तक आसन सुखप्रद नही हो सकता।

वस्तुतः मेरुदण्ड सीधा करके यदि सहज और स्थिर बैठा जा सके, तो चेतना स्वाभाविक ही ऊर्ध्वगमन करने लगती है। यह मार्ग की समस्त ग्रन्थियों (चक्रों) को खोलते हुए मस्तकस्थ पीयूष ग्रन्थि को क्रियाशील करती है। इसीलिए विद्यार्थियों, मस्तिष्क से सम्बन्धित कार्य करने वालों तथा ब्रह्मचारियों को विशेष रूप से मेरुदण्ड सीधा करके बैठने पर जोर दिया जाता है।

इससे पहले कि हम बैठने का सही तरीका समझें, हमें गलत तरीके की पहचान होनी चाहिए। अतः पहले उसी की चर्चा करते हैं। इस चित्र में रीढ़ की हड्डी आगे को झुकी हुई है और शरीर का भार गुरुत्व केन्द्र से पीछे है। इसी कारण इस अवस्था में थोड़ी देर बैठने से न केवल कमर और पीठ में दर्द होने लगता है बल्कि टाँगें भी सुन्न-सी हो जाती हैं। अधिक देर तो इस प्रकार से बैठ ही नहीं सकते।

इस स्थिति में सुधार करने के लिए हाथ फैलाकर जितना आगे को झुक सकते हैं, झुक जायें किन्तु सिर ऊपर ही उठा रहे। अब अपने नितम्बों को अधिक से अधिक पीछे की ओर खिसकायें और थोड़ा ऊपर को उठा लें।

अब सीधे होकर बैठ जायें। अन्तर आपको स्वयं पता लग जायेगा। यदि अभी भी आपको सहजता न लगे, तो हाथों के द्वारा नितम्बों को थोड़ा ऊपर उठा लें। इससे मेरुदण्ड सहज ही सीधा एवं मूलाधार स्थिर हो जायेगा। इस प्रकार बैठने से पीठ और विशेष रूप से डिस्क का सारा भार नितम्ब एवं बैठने की हड्डी पर आ जायेगा। एक सर्वेक्षण के अनुसार जो लोग धरती पर बैठते हैं उनमें पीठ तथा जोड़ों के दर्द की समस्या अपेक्षाकृत कम है (यदि वह सही से बैठें तो)। वर्तमान जीवन शैली में धरती पर बैठने का समय प्राय: कम ही मिलता है, अत: हमें कुर्सी पर बैठना भी सीखना होगा।

प्राय: लोग कुर्सी को आराम करने का साधन मानते हैं और आराम करने के लिए पीठ को गोल करना या टाँगें एक के ऊपर एक रखना आवश्यक मानते हैं। सच तो यह है कि यह तरीके बिल्कुल गलत हैं। इन सभी तरीकों में रीढ़ की हड्डी सीधी न होने के कारण मूलाधार का केन्द्र धरती के साथ

साम्यावस्था में नहीं है। ऐसी स्थिति में न केवल रीढ़ पर अनावश्यक दबाव पड़ता है बल्कि प्राणों का प्रवाह भी बाधित होता है। जब हम पीठ को गोल करते हैं तो डिस्क पर अतिरिक्त दबाव पड़ता है, जो उसकी कमजोरी का कारण बनती है। वस्तुतः हम डिस्क की समस्या का कारण अचानक लगे झटके या अधिक भार उठाने को मानते हैं, किन्तु सच यह है कि यदि हम पीठ को स्वस्थ रखें, तो ऐसी विपरीत परिस्थितियों में भी डिस्क में कोई समस्या नहीं आयेगी।

इसी प्रकार टाँगें एक के ऊपर एक चढ़ा लेने से मेरुदण्ड टेढ़ा-सा हो जाता है और शरीर का सन्तुलन भी बिगड़ जाता है। इस अवस्था में जो टाँग दबी हुई है, उसमें प्राणों का प्रवाह भी बाधित होता है। प्रायः व्यक्ति अपने स्वभाव अनुसार सदा एक ही टाँग ऊपर रखता है, जिससे उसका सन्तुलन एक ओर बिगड़ा ही रहता है। इस असन्तुलन से मात्र शरीर ही नहीं मन भी विचलित होता है और तनाव का कारण बनता है।

बैठने का सही तरीका तो यह है कि दोनों पैर धरती पर पूरी तरह से जमे हुए हों और सीधे रखे हुए हों, जिससे कि पैर के अँगूठे एवं छोटी अँगुली और एड़ी पर पूरा भार आये। साथ ही मूलाधार के केन्द्र अथवा सीवनी नाड़ी नीचे लगी हुई और पीठ बिल्कुल सीधी हो। ध्यान रहे, शरीर में कोई कसाव या तनाव नहीं हो। यदि हम मूलाधार को केन्द्र करके बैठेंगे, तो पीठ स्वाभाविक ही सीधी हो जायेगी और हमें पीठ को कसने की कोई आवश्यकता नहीं होगी। वस्तुतः पीठ अकड़ाने अथवा छाती को कसकर फैलाने से तो और भी मुश्किल खड़ी हो जाती है, क्योंकि इससे प्राणों का प्रवाह बाधित होता है और शरीर शीघ्र ही थक जाता है। जबकि उचित ढंग से बैठने से शरीर और मन प्रफुल्लित होते हैं।

खड़े होने का सही तरीका

विकास की सर्वोत्तम सीढ़ी पर खड़े मानव के लिए कितनी विचित्र बात है कि जहाँ एक ओर उसने अनेकानेक ग्रहों, आकाशगंगाओं का पता लगा लिया है, वहीं दूसरी ओर अभी तक वह अपने शरीर को ही पूरी तरह से जान-पहचान नहीं सका है। चतुष्पादों से बहुत आगे निकल चुका यह उन्नत मस्तकधारी द्विपाद प्राणी अभी अपने दो पैरों पर भी भली-भाँति खड़ा नहीं हो सका है। इसकी ऊर्ध्वमुखी मेरुदण्ड प्रायः गोल होकर एक प्रश्न चिह्न सा बनाये रखती है। परिणामस्वरूप पीठ और जोड़ों के दर्द महामारी की तरह फैलते जा रहे हैं। भले ही भौतिक विज्ञान के क्षेत्र में हमने आशातीत सफलताएँ प्राप्त कर ली हैं, किन्तु शरीर और जीवन के विषय में अभी हम इतनी भी जानकारी नहीं जुटा पाये हैं, जिससे एक स्वस्थ और सुखी जीवन जिया जा सके। बड़ी से बड़ी मशीनें तो हमने बना ली हैं, किन्तु इस जीवन्त मशीन को चलाना आज तक नहीं सीख सके हैं।

वस्तुतः यह शरीर है ही इतना विचित्र कि इसकी थाह पाना सहज सम्भव नहीं हो पाता। अब आप देखें न, सुबह जब आप सोकर उठते हैं तो आपका शरीर हल्का और स्फूर्ति भरा होता है। दिन भर की भागदौड़ के पश्चात् रात होते-होते न केवल शरीर थक जाता है, बल्कि इसका कद भी लगभग आधा से एक इंच घट जाता है। कारण बड़ा सीधा-सा है। दिन भर पृथ्वी की गुरुत्वाकर्षण शक्ति के दबाव में सीधे खड़े होकर काम करते-करते

मेरुदण्ड पर दबाव पड़ता है। इससे उसके मनकों के बीच का अन्तराल कम हो जाता है और बीच में भरा हुआ तरल पदार्थ भी विस्थापित हो जाता है। जब रात को हम सोते हैं तो शरीर ढीला पड़ा होने के कारण मेरुदण्ड को शिथिल होने तथा अपनी पूर्वावस्था में आने में मदद मिलती है। इस प्रकार सुबह हमारा कद फिर से पहले जितना हो जाता है, किन्तु यदि यह दबाव बना ही रहे तो दीर्घ काल में कमर झुकने लगती है।

वर्तमान युग में दौड़-भाग व तनाव के कारण बहुधा ऐसी अवस्था शीघ्र ही बनने लगती है। यदि हम सही तरीके से खड़े होना सीख लें तो न केवल हम मेरुदण्ड पर पड़ने वाले दबाव को कम कर सकेंगे, बल्कि अपना कद भी कम होने से बचा सकेंगे। यह भी सम्भव है कि हमारा कद कुछ इंच बढ़ जाये। इसके साथ-साथ हम मानसिक तनाव को भी कम कर सकेंगे। लेकिन इससे पहले कि हम सही तरीका सीखें, देख लें कि गलत तरीका क्या है।

यहाँ चित्र-1 में पेट आगे की ओर निकला हुआ है, जिसके कारण शरीर का सन्तुलन बिगड़ गया है। इस सन्तुलन को बनाने के लिए छाती पीछे की ओर चली गयी है और कन्धे भी लटक गये हैं। प्रायः ऐसे लोगों का व्यक्तित्त्व भी अत्यन्त ढीला-ढाला और सुस्त पाया जाता है।

यहाँ चित्र-2 में छाती आगे की ओर झुकी हुई है और कन्धे भी ढीले हैं, जिसको सन्तुलित करने के लिए कमर पीछे की ओर चली गयी है। प्रायः दफ्तर आदि में काम करने वाले तथा अधिक पढ़ने-लिखने का काम करने वाले व्यक्ति इस प्रकार से खड़े होते और चलते हैं।

यहाँ चित्र-3 पर छाती

को बहुत अधिक फैला दिया गया है। बहुधा पुलिस तथा सेना आदि में इस प्रकार छाती कसने पर जोर दिया जाता है। अनेक नवयुवक भी इस प्रकार से छाती चौड़ी करके चलते हैं, किन्तु इससे रीढ़ की हड्डी एक प्रश्न चिह्न की अवस्था में आ जाती है।

यहाँ चित्र-4 की अवस्था में शरीर का भार एक पैर पर दिया गया है। इस प्रकार न केवल शरीर बल्कि मस्तक का भी सन्तुलन बिगड़ता है। धीरे-धीरे जिस पैर पर भार है, वह भार से और दूसरा पैर कम प्रयोग के कारण कमजोर हो जाते हैं।

खड़े होने का सही तरीका यह है कि दोनों पैर कन्धों के ठीक नीचे तथा समानान्तर अवस्था में हों। छाती फैली हुई किन्तु ढीली हो। नितम्ब पैरों के ठीक ऊपर और कन्धे उनकी सीध में हों। गर्दन बिल्कुल सीधी तथा ढीली हो ताकि कान बिल्कुल कन्धों के ऊपर हों। कन्धे भी लटके हुए या तने हुए न हों। दोनों पैर पूरे खुले हुए हों, जिससे कि पूरे शरीर का भार पैरों के अँगुठे, छोटी अँगुली तथा एड़ी पर एक समान ही पड़े। घुटनों को अन्दर की ओर कस लें तथा जंघाओं को भी कसकर भीतर की और घुमा लें। नितम्बों को कसकर ऊपर की और खींच लें। इस प्रकार कसने से जंघाओं और नितम्बों पर जमी फालतू चर्बी भी गलने लगती है। ध्यान रहे, इस दौरान शरीर में और कहीं कोई कसाव या तनाव न हो। इस प्रकार सन्तुलित खड़े होने से थकान भी नहीं होगी। प्रयोगों से पता चलता है कि इस प्रकार खड़े होने और बैठने के सही तरीके अपनाने से लगभग दो गुनी कैलोरी खर्च होती है। इस प्रकार शरीर का भार सन्तुलित रखने में भी इनका बहुत महत्त्व है।

यद्यपि बैठने और खड़े होने की घटनायें अत्यन्त सामान्य-सी हैं, किन्तु यदि आप विचार करके देखें, तो हमारा अधिकांश समय इन दो अवस्थाओं में ही बीतता है। यदि हम इन अवसरों को सम्भाल लें तो हमारा प्राय: सारा जीवन ही योगमय हो जायेगा। प्रारम्भ में आपको ऐसा करना थोड़ा अटपटा-सा लग सकता है, किन्तु नियमित अभ्यास से आपको ऐसा न करना बुरा लगने लगेगा। जब आपको इसके प्रभाव का पता लगेगा, तो आप स्वयं ही इसे छोड़ नहीं पायेंगे। और हाँ, इन साधारण-सी क्रियाओं के अभ्यास हेतु आपको असाधारण प्रयत्न करने होंगे अर्थात् आपको हर पल अपने शरीर का ध्यान रखना होगा। इससे आपकी चित्त वृत्तियों का बहिर्मुखी वेग स्वाभाविक ही सिमटने लगेगा। एक ध्यान की अवस्था हर पल बनी रहेगी, जो आपको स्वास्थ्य लाभ के साथ अन्तर्मुखी सुख और शान्ति का अनुभव भी करायेगी।

इसके साथ-साथ हम अपनी चाल पर भी थोड़ा ध्यान दे सकते हैं। इसके लिए मुख्य सूत्र इतना ही है कि दोनों पैर बिल्कुल सीधे और समानान्तर हों, शरीर का भार पूरे पंजे और एड़ियों पर समान पड़े तथा पैर उठाकर रखते समय या तो पहले पंजे का स्पर्श धरती के साथ हो अथवा पूरा पैर एक साथ धरती पर पड़े। एड़ी के भार चलना अनेक रोगों का कारण है।

अनेक प्रयोगों के द्वारा यह पाया गया है कि मात्र अपने उठने-बैठने, खड़े होने और चलने में सुधार करने मात्र से ही अनेक व्यक्तियों को जोड़ों के दर्द, पीठ और डिस्क की समस्या, थकान व पैरों में कमजोरी का अनुभव, तनाव एवं निराशा के भावों में अप्रत्याशित रूप से लाभ हुआ है। इतना ही नहीं मात्र इतना सुधार करने से ही शरीर के भार तथा जंघाओं एवं कमर पर जमा हुई अनावश्यक चर्बी में भी आशा से बढ़कर कमी आती देखी गई है।

◈◈◈

स्वरोदय विज्ञान के अचूक प्रयोग

10

अब तक हमने श्वास के विज्ञान तथा उससे सम्बन्धित विभिन्न क्रियाओं के विषय में ही चर्चा की चर्चा है। अब हम इससे जुड़े एक सामान्यतः अनछुए आध्यात्मिक पहलू की चर्चा करने जा रहे हैं।

सामान्यतः श्वास के द्वारा ही प्राणशक्ति को शरीर में प्रवाहित किया जाता है और इसीलिए श्वास को प्रायः प्राण का पर्याय ही माना जाता है। श्वास हमारे शरीर की हजारों नाड़ियों में हर पल गतिमान रहता है, किन्तु इसका शरीर में प्रवेश दो नासा छिद्रों से ही होता है। हमारी श्वास सदा दोनों छिद्रों से एक समान नहीं चलती। कभी इसका वेग दायें नासाछिद्र में प्रबल होता है, तो कभी बायें में और कभी-कभी दोनों में बराबर भी होता है। दायें छिद्र से चलने वाले श्वास को **पिंगला** या **सूर्य स्वर** तथा बायें छिद्र से चलने वाले श्वास को **इड़ा** या **चन्द्र स्वर** कहते हैं। स्वर के बदलते समय अथवा साधना की गहनता में प्रायः दोनों छिद्रों से श्वास समान वेग से चलता है (अथवा भीतर ही भीतर चलता है)। उस समय इसे **सुषुम्ना** स्वर कहा जाता है।

पिंगला अथवा सूर्य स्वर का सम्बन्ध नाभिकुण्ड से है और इसकी प्रकृति उष्ण है। यह धारा शरीर को ऊर्जा और शक्ति प्रदान करती है। दूसरी ओर इड़ा अथवा चन्द्र स्वर का सम्बन्ध मस्तक मण्डल से है और इसकी प्रकृति शीत है। यह धारा शरीर के शोधन का कार्य करती है और उसे रस से परिपूर्ण रखती है। एक पूर्णतया स्वस्थ शरीर में सूर्य और चन्द्र स्वर के चलने की अवधि एक घण्टे की है। इस प्रकार इनका क्रम हर घण्टे बदल जाता है। इनकी नियमित और लयबद्ध गति शरीर को स्वस्थ रखती है।

यदि श्वासों की यह लय भंग होती है, तो इससे शरीर के रोगी होने का संकेत मिलता है। यदि शरीर में 24 घण्टों तक किसी एक नासा छिद्र से ही

श्वास चलता रहे, तो स्पष्ट है कि शरीर का सन्तुलन बिगड़ गया है। यह निश्चित रूप से रोगावस्था का लक्षण है। यदि दो-तीन दिन तक एक ही स्वर चलता रहे, तो यह किसी गम्भीर रोग का सूचक है और यदि उससे भी अधिक समय तक प्रयास करने पर भी स्वर न बदला जाये, तो निश्चित ही उस शरीर में मृत्यु दस्तक दे रही है।

इस प्रकार स्वर हमारे शरीर की आन्तरिक दशा तथा प्रकृति के परिचायक भी हैं। अतः हम स्वर को बदल कर अपने शरीर की अवस्था को भी बदल सकते हैं। स्वरोदय विज्ञान का ज्ञान हमें दैनिक जीवन में अत्यन्त उपकारी सिद्ध हो सकता है। इसके लिए हमें एक तो यह जानना होगा कि किस स्वर के प्रवाह के समय हमारा शरीर किस प्रकार के कार्य करने में सहयोग करता है और दूसरे यह कि हम किस प्रकार स्वर का प्रवाह बदल सकते हैं। इस ज्ञान से हमारे सभी कार्य सफल हो सकते हैं। यद्यपि स्वरोदय विज्ञान का प्रयोग ज्योतिषीय गणनाओं में भी किया जाता है, किन्तु प्रस्तुत प्रसंग में हम मुख्यतः शरीर के स्वास्थ्य से सम्बन्धित चर्चा ही करेंगे।

स्वरानुकूल कार्य

हम ऊपर पढ़ ही चुके हैं कि स्वर से शरीर की प्रकृति का निर्धारण होता है। यदि हम अपनी प्रकृति के अनुसार कार्य करेंगे, तो निश्चित ही सफलता प्राप्त होगी। 'पिंगला' उष्ण स्वर है और हमें शक्ति प्रदान करता है, अतः जिस समय दाहिना स्वर प्रबल (एक स्वर की प्रबलता का अर्थ है कि दूसरा स्वर अत्यन्त धीमा या बन्द है) हो, उस समय हमें कठिन अथवा जोर पड़ने वाले कार्य करने चाहिए। इसमें दौड़-भाग अथवा भार उठाना, वाहन चलाना, कसरत करना तथा अल्पकाल हेतु किसी अत्यन्त जटिल विषय का अध्ययन करना आदि शामिल हैं। सूर्य स्वर के समय नाभिकुण्ड क्रियाशील होता है, अतः भोजन करते समय दायाँ स्वर चलने से पाचन सहज होगा। इसी प्रकार शौच (मल त्याग) और शयन भी दायें स्वर में करना ही स्वास्थ्यप्रद है।

इड़ा नाड़ी के प्रवाहकाल में शुभ तथा स्थायी कार्य करने चाहिए, जैसे लम्बी यात्रा, गृह निर्माण, चिकित्सा, जनहित के कार्य, बीजारोपण, नवीन विद्याओं का अध्ययन, गुरु दर्शन, मन्त्र साधना आदि। जल पीना तथा लघुशंका (मूत्र त्याग) भी इड़ा प्रवाह में ही करना चाहिए।

पिंगला तथा इड़ा नाड़ियों के प्रवाह का अर्थ है कि प्राणों का वेग इन्द्रिय छिद्रों से यत्किंचित बहिर्मुखी है। दूसरी ओर सुषुम्ना नाड़ी के प्रवाह का अर्थ है कि प्राण अन्तर्मुखी गति कर रहे हैं। अतः ध्यान-साधना तथा आध्यात्मिक प्रयोगों के लिए सुषुम्ना काल ही सर्वोत्तम है। यद्यपि प्रारम्भ में सुषुम्ना का संयोग सम्भव है कि क्षणमात्र के लिए ही प्राप्त हो, किन्तु नियमित निरीक्षण तथा अभ्यास से सुषुम्ना काल में वृद्धि होने लगती है। सुषुम्ना के प्रवाह काल में अन्तर्मुखी साधनाएँ निश्चित ही सफल होती हैं।

स्वर परिवर्तन की विधि

प्रायः शरीर की प्रकृति के अनुसार ही स्वरों का परिवर्तन होता है, किन्तु स्वास्थ्य लाभ तथा शरीर के सन्तुलन को बनाये रखने हेतु हम स्वेच्छा से स्वर को बदलने का प्रयत्न भी कर सकते हैं। इड़ा स्वर चलने का सीधा-सा अर्थ है कि शरीर के बायें भाग तथा मस्तक में प्राणों का वेग अधिक है, जबकि दायें भाग में प्राणों का प्रवाह प्रबल नहीं है। पिंगला स्वर चलते समय इसके सर्वथा विपरीत स्थिति होती है। ध्यान रहे, यह आवश्यक नहीं है कि एक स्वर पूरी तरह से बन्द हो। प्रायः एक स्वर का वेग अधिक होता है तथा दूसरे का कम। जिस स्वर में अधिक वेग होता है, उसे ही क्रियाशील माना जाता है। इसी प्रकार जब दोनों स्वर बिल्कुल बराबर चल रहे हों, तभी यह माना जा सकता है कि सुषुम्ना का द्वार खुल रहा है किन्तु यह तो किसी योगी में ही होगा। सामान्यतया यह स्वर बदलने का ही लक्षण है।

स्वर बदलने के लिए, जो स्वर चल रहा है उस ओर करवट करके 10-15 मिनट के लिए लेट जायें। इससे शरीर के उस भाग में दबाव पड़ने से प्राणों की धारा अवरुद्ध होने लगेगी और स्वाभाविक ही प्राणों का धक्का दूसरी ओर पड़ने से स्वर बदल जायेगा। यद्यपि यह सच है कि यदि शरीर में रोग की तीव्रता है, तो स्वर इतनी सहजता से नहीं बदला जायेगा।

यदि लेट सकना सम्भव न हो, तो जिस ओर का स्वर चल रहा है उस ओर काँख (armpit) में दूसरा हाथ दबाकर और उस ओर शरीर का भार देकर बैठ जायें। थोड़ी ही देर में स्वर बदल जायेगा अथवा जिस स्वर को खोलना है, उधर के नासाछिद्र से 40-50 वेग से भरपूर श्वास भरें और छोड़ें, इससे भी स्वर बदलना सम्भव हो सकता है।

बहुधा परिस्थितियों में आये अचानक बदलाव से भी स्वर बदल जाता है। उदाहरणार्थ यदि हम अपने किसी कार्य में संलग्न हैं और अचानक ही हमें कोई विशेष दुख अथवा सुख भरी सूचना प्राप्त हो जाये। अथवा हम बैठ कर कोई सरल कार्य करते हुए अचानक कोई भाग-दौड़ अथवा जोर का कार्य करने लगें अथवा इसके विपरीत आचरण करें। इसी प्रकार स्वर की प्रकृति के अनुसार कार्य करने से भी स्वर परिवर्तन सहज हो जाता है। यथा दाहिना स्वर चलाने के लिए हम थोड़ी देर के लिए कोई मेहनत का कार्य कर सकते हैं जिससे चेतना शरीर में फैल जाये। इसी प्रकार बायाँ स्वर चलाने के लिए हम कोई दिमागी कार्य कर सकते हैं जिससे चेतना मस्तिष्क में जाये।

स्वास्थ्य सम्बन्धी कुछ महत्त्वपूर्ण एवं अचूक उपाय

स्वरोदय विज्ञान के इन सूक्ष्म रहस्यों और सिद्धान्तों की चर्चा अत्यन्त विशद् है। वस्तुतः इसकी चर्चा के लिए तो एक नवीन ग्रन्थ की ही रचना करनी होगी। अभी हम कुछ दैनिक प्रयोग में आने वाले सामान्य सूत्रों की संक्षेप में जानकारी दे रहे हैं, जिनके द्वारा हम स्वास्थ्य लाभ कर सकते हैं:-

(1) कभी भी मल एवं मूत्र का त्याग साथ-साथ नहीं करना चाहिए। पहले बायें स्वर में मूत्र त्याग करके फिर किसी प्रकार दायें स्वर को चलाकर ही मल का त्याग किया जाना चाहिए।

(2) मूत्र त्याग सदा ही बायें स्वर में करना चाहिए। यदि स्वर न चल रहा हो, तो दायें नासाछिद्र को अँगुली से अथवा रुई आदि के प्रयोग से बन्द भी किया जा सकता है।

(3) जल तथा पेय पदार्थ प्रायः चन्द्र स्वर में ही पीने चाहिए किन्तु गर्म और भारी पेय पदार्थ सूर्य स्वर में लिये जा सकते हैं। भोजन आदि स्थूल पदार्थ सदा सूर्य स्वर में ही ग्रहण किये जाने चाहिए।

(4) भोजन के पूर्व अथवा पश्चात् 10-15 मिनट के लिए बायीं करवट लेट जाना चाहिए। इससे स्वाभाविक ही दायाँ स्वर चल पड़ेगा। सावधान! इस दौरान गहरी नींद न आ जाये अन्यथा भोजन का पाचन भलीभाँति नहीं हो सकेगा। भोजन के तुरन्त बाद कोई दिमागी कार्य नहीं करना चाहिए अन्यथा चन्द्र स्वर क्रियाशील होने की सम्भावना होती है।

(5) रात्रि में शयन सदा बायीं करवट में करना चाहिए ताकि दायाँ स्वर चल पड़े, इससे मस्तक हल्का हो जायेगा और सहजता से नींद आ जायेगी। नींद आने के बाद यदि करवट बदली जाये तो कोई चिन्ता का विषय नहीं।

(6) जब भी शरीर में किसी दर्द अथवा रोग का प्रवेश हो अर्थात् जिस समय रोग अथवा दर्द का पता लगे, उसी समय अपना स्वर बदलने की कोशिश करें। यदि कोई छोटी-मोटी समस्या है तो स्वर बदलते ही दूर हो जायगी। यदि रोग गम्भीर है तो स्वर बदलने में समय लग सकता है किन्तु यहाँ भी स्वर बदलने से निश्चित ही लाभ होगा।

(7) यदि दमा अथवा दिल का दौरा पड़ जाये, तो तत्क्षण स्वर की पहचान कर उसे बदलने का प्रयास करें, निश्चित ही लाभ होगा। स्त्री रोगों में भी स्वर विज्ञान के चमत्कारी परिणाम प्राप्त होते हैं, किन्तु निश्चित ही इसकी पहचान तथा प्रयोग हेतु कुशल मार्गदर्शन की आवश्यकता होती है।

◈◈◈

परिशिष्ट

शब्द सुरति संगम आश्रम : एक परिचय

साधना-परम्परा

अध्यात्म जगत् में किसी का भी सर्वप्रथम सर्वश्रेष्ठ परिचय उसकी साधना परम्परा ही है। अध्यात्म का अर्थ ही है– **'अधि आत्मने'**, अर्थात् आत्मतत्त्व का अनुसन्धान। अतः जिस परम्परा में और जिस साधना धारा पर चलकर जीव को अपने सच्चे स्वरूप का बोध होता है, वही तो उसका सच्चा परिचय है। परम पुरुष से अभिन्न उसकी माया प्रकृति में आबद्ध जीव अपने वास्तविक स्वरूप को भूल बैठा है। इसीलिए अनादिकाल से चली आ रही इस सृष्टिधारा में भटक रहे जीवों का मार्गदर्शन करने के लिए आदिगुरु परमात्मा भिन्न-भिन्न रूपों में अवतरित होते रहे हैं। उनकी ही प्रेरणा से अनेक साधना धाराओं का उद्‌भव भी देशकाल अनुसार होता रहा है, जिससे कि प्रत्येक जिज्ञासु को उसके स्तर के अनुसार मार्गदर्शन मिल सके।

आदिगुरु शंकराचार्य द्वारा स्थापित दशनामी संन्यास सम्प्रदाय की **पुरी** शाखा का पंजाब प्रान्त में प्रायः लदाना (अब हरियाणा में) ही एक मुख्य केन्द्र हुआ करता था, जहाँ से अनेकानेक सिद्ध सन्त समाज को प्राप्त हुए हैं। रामकृष्ण परमहंस जी को निर्विकल्प समाधि की दीक्षा देने वाले स्वामी तोतापुरी जी भी इसी आश्रम से सम्बद्ध थे। ऐसे ही एक सिद्ध सन्त स्वामी मेवापुरी जी हुए हैं, जो कि परम तपस्वी थे (उनसे पूर्व परम्परा के सिद्धों के विषय में स्पष्ट प्रमाण उपलब्ध न होने के कारण उनका उल्लेख नहीं किया जा रहा)। उनके जीवन की सबसे विशेष बात यह थी कि उन्होंने यह निश्चित किया हुआ था कि वह गंगा में जाकर एक निश्चित समय पर जल समाधि ले लेंगे। उस समय पैदल ही यात्राएँ हुआ करती थीं। समय निकट आने पर वार्द्धक्य (सौ वर्ष से भी अधिक आयु) के कारण आश्रम नन्दुआना (ग्राम किला रायपुर, जिला लुधियाना) से गंगा की दूरी को देखते हुए जब लोगों ने सन्देह करना प्रारम्भ कर दिया, तब उन्होंने कहा कि अगर मृत्यु को वश में न किया, तो साधु बनना ही व्यर्थ गया। अन्ततः निश्चित समय पर

अनेक लोगों के साथ, जिनमें उनके परम शिष्य स्वामी देवपुरी जी भी थे, माँ गंगा की गोद में जाकर उन्होंने जीवित समाधि ले ली। यहाँ पर स्पष्ट कर दें कि सामान्यतः साधुओं के मृत शरीर को गंगा में प्रवाहित किया जाता है, लेकिन उन्होंने तो जल में समाधि ली थी, देह त्याग नहीं किया था; इसके प्रमाण में तीन दिन पश्चात् विशेष कारणवश उन्होंने शिष्यों को पुनः सशरीर दर्शन दिये थे, जिसका पूर्ण विवरण चरितावली प्रथम भाग में दिया हुआ है।

ऐसे परम सिद्ध गुरु के शिष्य **स्वामी देवपुरी जी** ने इस कलिकाल में भूख-प्यास, निद्रा-प्रमाद, सर्दी-गर्मी को जीतकर सात वर्ष तक अखण्ड तप किया। इस दौरान उनके शरीर पर बस एक काली कम्बली का टुकड़ा होता था (इसी कारण बाद में वह काली कम्बली वाले के नाम से प्रसिद्ध हुए)। तपस्या के दौरान उनके शरीर पर दीमकों ने बाँबी बना ली थी और चूहों ने पैरों की अँगुलियाँ तक कुतर डाली थीं। साँप भी चूहों के पीछे उनके शरीर पर मँडराते रहते थे। इस घोर तप के फलस्वरूप उन्हें आकाशवाणी हुई लेकिन वह तो समस्त प्रलोभनों से उपराम अपनी साधना में रत रहे। कालान्तर में गुरु आज्ञा से सनातन साधनाओं का प्रचार तथा प्रसार करते हुए उनके द्वारा अनेक भक्तों का कल्याण हुआ।

बालकाल में ही उनके निकट दो भाई आ गये थे, जिनमें से छोटे के माथे को देखकर उन्होंने कहा कि यह तो पिछले जन्म का पण्डित है, अतः इस जन्म में भी अध्ययन तो करना पड़ेगा, ऐसा कहकर उन्हें काशी भेज दिया। यही बालक आगे चलकर **स्वामी दयालुपुरी जी** के नाम से विख्यात हुए। स्वामी जी ज्ञान की साक्षात मूर्ति थे। उनका अध्ययन मात्र पुस्तकीय नहीं था वरन् उनका जीवन भी वेदमय था। उन्होंने अपना सम्पूर्ण जीवन विद्यादान को समर्पित कर दिया। यहाँ तक कि अध्यापन आधिक्य से उनकी आँखों की ज्योति पर

प्रभाव पड़ने लगा लेकिन विद्यादान की गंगा बहती रही, आँखों में वेदना बढ़ती गयी और ज्योति मन्द होते-होते अन्ततः समाप्तप्राय हो गयी। मुख्य रूप से काशी के काशी देवी मठ तथा हरिद्वार के हरिभारती विद्यालय से उनका विशेष स्नेह था। उनके पढ़ाये हुए शिष्य अनन्तर अनेक महामण्डलेश्वर, मठाधीश तथा शंकराचार्य पद को सुशोभित करने वाले बने।

ऐसी सिद्ध परम्परा के कर्णधार **स्वामी बुद्धपुरी जी** ने 1972 में IIT, दिल्ली से M. Tech. किया तथा कुछ वर्ष MNREC इलाहाबाद में अध्यापन कार्य किया। बाद में वेदमूर्ति स्वामी दयालुपुरी जी की शरण में आ गये और नौ वर्षों तक कठिन सेवा तथा साधना में रत रहे। उसी दौरान गुरुकृपा से अनेक वेदोपनिषदों आदि शास्त्रों का अध्ययन किया। 1983 में गुरु के महानिर्वाण के उपरान्त आप पहाड़ों-जंगलों में साधना रत रहे। बद्रीनाथ के बर्फीले मौसम में जबकि 8-10 फीट बर्फ गिर जाती है और छः मास के लिए रास्ता भी बन्द हो जाता है, आप आत्मानुसन्धान में दृढ़निष्ठ रहे। समाज में अध्यात्म तथा धर्म के नाम पर फैल रही भ्रान्तियों को देखते हुए उसके निवारणार्थ उन्होंने समस्त साधना प्रणालियों के अनुसन्धान पूर्वक अनेक ग्रन्थों की रचना की। शास्त्र प्रमाण तथा स्वानुभव के आधार पर उन्होंने **'सिद्धामृत सूर्य क्रियायोग'** आदि अनेक ऐसी साधन प्रणालियों का विकास किया, जो सर्वसामान्य के लिए सहज तथा हितकर हों। अनेक बार ग्राम तथा नगरों में ही नहीं, दुर्गम पहाड़ियों तथा बर्फीले ग्लेशियर पर भी उन्होंने बड़ी संख्या में साधकों के साथ शिविर लगाये हैं। प्रायः 1995 से वह यदा-कदा (अकेले या विशेष शिष्यों के साथ) पहाड़ों पर जाते रहे हैं, किन्तु 2004 में उन्होंने **अमृतम् अभियान** की स्थापना करके यात्रा तथा शिविर संचालन तथा सभाओं आदि का दायित्व भी अपने योग्य शिष्यों को सौंप दिया है। साधना के बल से भोजन-पानी की आवश्यकता से मुक्त होकर वह मुख्यतः **मल्लके आश्रम** में ही एकान्त साधना रत रहते हैं।

शब्द सुरति संगम

शब्द रूप आदि ब्रह्म से जीव की सुरति का पूर्ण संगम ही जिसका लक्ष्य है, वह है **शब्द सुरति संगम आश्रम**। यह संस्था पूर्णतया विश्व शक्ति चेतना के विकास क्रम को समर्पित है। इसका संचालन एक चैरिटेबल ट्रस्ट द्वारा होता है। इस संस्था का मुख्य कार्य है– अध्यात्म के विज्ञान को पुनर्प्रकाशित करना। विभिन्न धर्मों एवं मत-मतान्तरों की साधना में सामञ्जस्य को समझना तथा प्रकट करना। वेद-शास्त्रों, धर्मग्रन्थों, सन्तवाणियों में छिपी महायोग की साधनाओं को अनुसन्धानपूर्वक जनोपयोगी बनाना तथा जनसामान्य तक पहुँचाना। इसके अन्तर्गत विशेष साधकों के साथ स्वयं गुरुदेव गम्भीर साधना अनुष्ठानों में रत रहते हैं तथा समय-समय पर शिविरों के माध्यम से जिज्ञासुओं को महायोग में दीक्षित करते हैं। योग्य शिष्यगण देश-विदेश में शिविरों, सभाओं, कार्यशालाओं के माध्यम से लोगों को जीवन के रूपान्तरण की इन साधनाओं के प्रति जाग्रत करते हैं।

संस्था का मुख्य कार्यालय पंजाब के मोगा जिले के **मल्लके** ग्राम में है। यहाँ ग्रामवासियों के अनुदान से 1994 में खेतों के बीच 5 एकड़ में बना आश्रम प्रारम्भ में मात्र एक सभा हाल तथा कुछ कमरों से विस्तृत होते-होते आज 50 सर्व सुविधा सम्पन्न कमरों, दो बड़े हाल (डॉर्मिटरी), साधना हॉल, लंगर हॉल, लगभग 10,000 से अधिक पुस्तकों से सुसज्जित पुस्तकालय, विशेष साधना हेतु पिरामिड गुफाएँ तथा अन्य आवश्यक सुविधाओं से युक्त है। संस्था से सम्बद्ध एक अन्य आश्रम ग्राम किला रायपुर जिला लुधियाना में है, जो कि प्रभु कम्बली वाले के समय से बना हुआ है। यह विशाल आश्रम प्रायः 80 एकड़ में फैला हुआ है, जिसमें से 10 एकड़ भूमि पर समाधि मन्दिर, साधुओं के लिए विशेष बँगला (डॉर्मिटरी), गौशाला आदि हैं तथा शेष भूमि खेती के काम आती है। इसके अतिरिक्त प्रायः जिन-जिन स्थानों पर पूर्व में महाराज जी ने साधना की है (खालिसपुर, गढ़ी, खिरनिया, जटाना, ककराला, जस्सड़) वहाँ उनके निमित्त से ग्रामवासियों ने कुटिया बनायी हुई हैं, जो कि अब विशेष जिज्ञासुओं की एकान्त साधना के लिए उपयोग में आती हैं। एक अन्य आश्रम हिमाचल प्रदेश में कुल्लू मुख्य मार्ग से 4 किमी दूर पहाड़ियों की गोद में **शारटी** नामक ग्राम में स्थित है, जहाँ प्रायः विशेष साधना अनुष्ठान तथा एकान्त शिविरों का आयोजन होता है।

उद्देश्य तथा कार्यक्षेत्र

शब्द सुरति संगम आश्रम का उद्देश्य समझने के लिए यह पहले ही जान लें कि यह पूर्णतया आध्यात्मिक संस्था है तथा इसके समस्त क्रियाकलाप बिना किसी भेदभाव के सम्पूर्ण मानव जाति के आध्यात्मिक विकास पर ही केन्द्रित हैं। संक्षेप में संस्था का उद्देश्य है कि धर्म-जाति की क्षुद्र संकीर्णताओं से निकल कर निज के भीतर परमात्म-शक्ति जागरण की महायोगीय साधनाओं से सर्वसामान्य का परिचय हो, जो लोग प्राथमिक साधनाएँ करके एक जगह पर अटक से गये हैं, उन्हें आगे का मार्गदर्शन मिले, मात्र मानसिक ही नहीं वरन् जागतिक अथवा भौतिक स्तर तक उस परमात्म शक्ति का अवतरण हो और एक महामानवों का संघ स्थापित हो, जो कलियुग को सत्ययुग में ले जाने के लिए मानव मात्र का मार्गदर्शन कर सके।

इस उद्‌देश्य की पूर्ति के लिए आश्रम की ओर से समय-समय पर विभिन्न साधना-अनुष्ठान तथा शिविरों का आयोजन किया जाता है। अध्यात्म जगत के वैज्ञानिक रहस्यों को प्रत्यक्ष करने तथा धार्मिक एवं सामाजिक संकीर्णताओं को मिटाने के लिए भी निरन्तर शोध किया जाता है।

कुण्ड अग्निशिखा

शब्द सुरति संगम आश्रम से हिन्दी तथा पंजाबी में अक्तूबर 2001 से लगातार प्रकाशित होने वाली यह एक त्रैमासिक पत्रिका है। इस पत्रिका की विशेषता यह है कि इसमें वेदान्त, भक्ति, योग, कुण्डलिनी जागरण, निष्काम सेवा जैसे आध्यात्मिक विषय ही नहीं, बल्कि आहार, निद्रा, भय और मैथुन जैसे सांसारिक कार्यों को भी साधनामय बनाने की सरल शास्त्रसम्मत युक्तियों को वैज्ञानिक दृष्टिकोण के साथ प्रस्तुत किया जाता है।

इतना ही नहीं, महापुरुषों के जीवन में छिपे साधना रहस्यों को इतने सरल ढंग से प्रस्तुत किया जाता है कि कोई भी उन्हें मात्र चमत्कार मानकर न बैठा रहे, बल्कि उनके पथ का अनुसरण भी कर सके। इस सन्दर्भ में इस पत्रिका में साधकों की साधना परम जिज्ञासाओं का समाधान भी किया जाता है। आप चाहें तो आश्रम से सम्पर्क करके बच्चों-बूढ़ों सभी के जीवन को बदल डालने वाली यह पत्रिका घर बैठे मँगा सकते हैं।

अमृतम् अभियान

संस्था की ओर से जनसामान्य के शारीरिक, मानसिक तथा आध्यात्मिक उत्थान हेतु **'अमृतम् अभियान'** चलाया जा रहा है। मानव की अन्तर्चेतना के विकासपूर्वक एक अतिमानवीय दिव्य समाज की स्थापना जिसका लक्ष्य है। मात्र बौद्धिक या मानसिक स्तर पर ही नहीं वरन् प्राणिक और शरीर के स्तर तक परमात्मशक्ति का जागरण और शरीर में रहते हुए ही परमात्मा से योग जिसका आदर्श है। यह किसी एक व्यक्ति को मुक्ति दिलाने वाला योग नहीं वरन् सम्पूर्ण मानव जाति को विकास के अगले चरण में ले जाने वाले महायोग का राजपथ है।

विश्व शक्ति चेतना के विकास का अगला सोपान, एक ऐसा समाज जो रोग, शोक, जरा, मृत्यु आदि समस्त शारीरिक एवं मानसिक बन्धनों से मुक्त होगा। वर्तमान मानव का जीवन इन्द्रियों के अधीन हुए मन से संचालित होता है, किन्तु अतिमानव का मानस इन्द्रियों को ही नहीं, समस्त जड़-चेतन को वश करने में समर्थ होगा। ध्यान रहे, अतिमानवीय समाज की अवधारणा मानव विकास की चरम सीमा नहीं वरन् एक नये युग के शुभारम्भ का आधार है। युगक्रान्ति का सूत्रपात हो चुका है। प्रतीक्षा है– उन शूरवीरों की जो निज जीवन को सार्थक करना चाहते हैं, भूख-प्यास-निद्रा, रोग-ज़रा-मृत्यु, काम-क्रोध-मोह आदि समस्त बन्धनों को तोड़ना चाहते हैं, भीतर सोई हुई भगवती शक्ति को जाग्रत कर इस मर्त्य शरीर को ही रूपान्तरित करके दिव्य बनाना चाहते हैं।

इस अभियान का मुख्य लक्ष्य है **महायोग साधना** व **साधकों को प्रोत्साहित करना**। इसके अन्तर्गत आश्रम में प्रतिवर्ष दशहरे तथा शिवरात्रि के अवसर पर विशेष चार दिवसीय ध्यान साधना-शिविर तथा दिसम्बर के आखिरी सप्ताह में बच्चों के लिए एक संस्कार-शिविर लगाया जाता है। इसके अतिरिक्त विभिन्न गाँवों तथा शहरों में **'सिद्धामृत सूर्य क्रियायोग'** तथा **'संजीवनी क्रियायोग'** आदि के शिविर लगाये जाते हैं एवं अनेक विद्यालयों, विश्वविद्यालयों अन्य शिक्षा संस्थानों, व्यावसायिक प्रतिष्ठानों, सेना, पुलिस तथा सीमा सुरक्षा बल के विभिन्न केन्द्रों, मन्दिरों, गुरुद्वारों, धार्मिक व सामाजिक संस्थाओं तथा कारागारों में साधना शिविरों के अतिरिक्त व्याख्यानों, सभाओं एवं कार्यशालाओं के माध्यम से भी जन-जागृति का प्रयास किया जा रहा है। संस्था के इन सर्वथा नि:शुल्क कार्यक्रमों को अपने क्षेत्र में आयोजित कर आप विश्व शक्ति चेतना के इस विकास क्रम में भागीदार बन सकते हैं।

◈◈◈